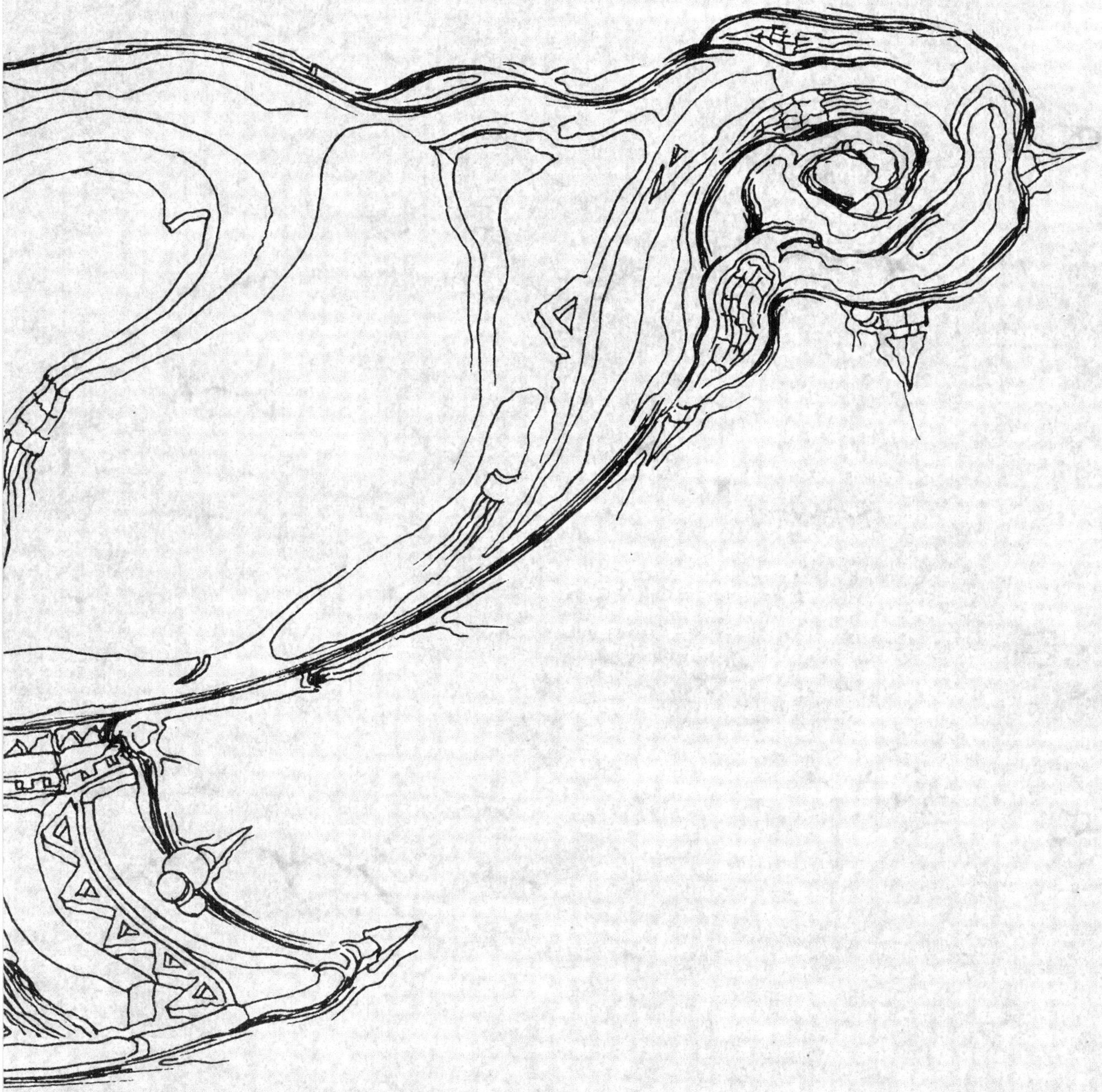

Kochbuch für Hexen

Hexenküche und Küchenhexe - unsere Sprache bezeichnet damit Küchen und Köchinnen, bei denen nicht alles mit rechten Dingen zugeht. Nun, das ist in diesem Kochbuch tatsächlich so, aber im positiven weißmagischen Sinn. In einer Zeit, in der sich Frauen wieder mehr auf ihre Wurzeln besinnen, wächst das Interesse für das vergessene Wissen unserer Ahninnen. Sie waren weise Frauen, Heilkundige und in manchem Zauber erfahren. Von ihnen können wir lernen, welche Kräuter wir für Liebeszauber und welche wir als Schutzkräuter einsetzen, mit welchen Speisen wir unseren Liebsten binden und durch welche wir die Wahrheit erfahren können. Dieses uralte Wissen hat eine moderne Hexe in köstliche Rezepte umgesetzt, und sie verrät uns dazu noch eine Menge an geheimen Tipps …

LUDWIG

Inhalt

Wenn die Hexe kocht 6

Kräuterhexereien
durch das Jahr 10

Bunter Energiesalat 12
Brunnenkressesalat 13
Gemüse-Kräuter-Süppchen 14
Bouillabaisse 15
Süppchen der Erdmütter 17
Basilikumravioli 18
Mangold pineta 19
Kräuterkraftstrudel 20
Junges-Gemüse-Gratin 21
Gefüllte Zucchini 22
Sardinen auf Tomatenbett 24
Garnelen-Fisch-Ragout 25
Flammende Seezungen 26
Powerfischgratin 27
Hähnchen im Grünen 28
Ingwerfilet »Hong Sun« 30
Lammgeschnetzeltes 31
Lamm in Rosmarinduft 32
Lämmleinspieße 33
Kräuterhexenwähe 34
Salbei-Trostbrötchen 36
Käse-Kräuter-Luftsoufflé 37
Erdbeertörtchen 38
Sommerliche Flockentorte 39

Liebeszauber
aus der Küche 40

Sommersonnensalat 42
Insalata dell' amore 44
Grün-weißer Liebessalat 45
Liebespfeilsuppe 46
Chinasuppe »Suan Tang« 47
Spargelpäckchen 48
Spargel »Kamasutra« 50
Eier der Wahrheit 51
Getrüffelte Kartoffeln 52
Spaghetti der Venus 53
Indischer Hochzeitsreis 55
Kräuterzauberlachs 56
Heiße Rotbarben 57
Ragout aus Wald und Flur 58
Orientalische Rebhühner 59
Hirsch mit Brombeeren 60
Vergoldete Himbeeren 62
Luftiger Mandelzauber 63
Erdbeeren des Zeus 64
Strawberry in love 65
Exotischer Früchtetraum 66
Äpfel im Schlafrock 68
Fruchtbarkeitstorte 69
Pflaumen in Armagnac 70
Feigentorte »Mandorla« 71

Glücksbringer
aus der Hexenküche 72

Glückslinsensalat 74
Indische Kokossuppe 76
Salat der Indianerin 77
Ofenkartoffeln »Energy« 78
Gemüseplatte »Baubo« 79
Frühlingsrisotto 80
Glückskräuter-Hirse 82
Scharfe Chilinudeln 83
Krabbennudeln 84
Fischratatouille 85
Pute im Sommerbett 87
Safranhähnchen 88
Wachteln mit Estragon 89
Honigsüße Entenbrust 90
Tomatenreis Tandoori 91
Curry der Aditi 92
Quittensegenstorte 94
Orangentörtchen 95
Mohn-Meditations-Torte 96
Torta di Pasqua 97
Schokoladenkuchen 98

Reinigung
und der Weg nach innen 100

Löwenzahnsalat 102
Suppe der Demeter 103
Artischockensuppe 104
Grüne Kefirsuppe 105
Anti-Stress-Auflauf 107
Oliven-Hexentarte 108
Maisbrei der Navajos 109
Heilende Kohlrouladen 110
Senfgemüse der Carna 111
Apfelgratin »Avalon« 112
Dinkelfrikadellen 114
Risotto der Kleopatra 115
Fruchtige Sommerlotte 116
Fisch piroschki 117
Lammcurry »Nirwana« 118
Teecreme »cha-dõ« 120
Happy Hippie Haferbrei 121
Heidelbeertraum 122
Licht-und-Liebe-Creme 123

Wenn die Hexe kocht

und die Köchin hext

Für ein gelungenes magisches Mahl müssen nicht nur Rezepte und Zutaten stimmen: Ihre Stimmung beim Kochen und die Atmosphäre beim Essen sind mindestens ebenso wichtig.

Liebe geht durch den Magen, Magie manchmal auch. Vor allem dann, wenn das Essen mit viel Liebe gekocht ist, und die richtigen Zutaten verwendet werden. Wenn Sie mittags in die Kantine gehen, wollen Sie vor allem Ihren Hunger stillen. Dass das Essen hervorragend schmeckt, erwarten Sie hier eigentlich nicht – das lehrt Sie schon Ihre Erfahrung. Das liegt aber meist nicht etwa daran, dass schlechte Zutaten oder zu wenig Gewürze verwendet werden, es ist vielmehr so, dass einfach nicht mit Liebe, sondern oft mit Desinteresse und Unlust gekocht wird. Man kann es den Köchen dort auch nicht verdenken, sie tun ihren Job, der noch dazu schlecht bezahlt ist. Sogar in einem guten Restaurant, in dem die Mahlzeiten normalerweise hervorragend sind, können Sie richtig schlecht essen, wenn der Koch aus irgendwelchen Gründen gerade nicht gerne kocht. Die besten Restaurants sind diejenigen, in deren Küche die Speisen mit Liebe und Leidenschaft zubereitet werden.

Auch bei Ihnen zu Hause schmeckt das Essen so, wie Sie es gekocht haben. Zwar sind auch die verwendeten Zutaten wichtig, doch vor allem kochen Sie Ihre Gefühle in das Essen mit ein. Manchmal kann selbst eine unansehnliche Speise ausgezeichnet schmecken, wenn Sie sie aus der tiefsten inneren Überzeugung gekocht haben, Ihren Lieben damit etwas Gutes zu tun. Aber in diesem Kochbuch möchte ich Ihnen Gerichte vorstellen, die nicht nur für den Gaumen attraktiv sind, sondern auch fürs Auge und vor allem für die Seele.

Die Küche der Hexe

Es gibt natürlich auch noch eine Menge Tricks, die – wenn Sie sie beherzigen – Ihrer Kochkunst außerordentlich förderlich sein können. Fangen wir einfach mit den Kochgeräten an. Oft verbannen wir in unseren ultramodernen technisierten Küchen jegliche Natur in das Reich der Vergangenheit. Wir kochen mit Plastikkochlöffeln in Aluminiumtöpfen und jagen das wundervolle frische Gemüse durch den elektrischen Mixer. Unsere Nahrung erhitzen wir auf Ceran-Kochflächen, und die Mikrowelle wärmt die Tiefkühlkost auf, indem sie ihr alle noch verbliebenen Vitamine entzieht. Was für eine Vorstellung! Damit will ich die Errungenschaften der Technik, die uns das Leben erleichtern, keineswegs verdammen. Elektrische Herdplatten sind sehr praktisch, und auch der Mixer erweist sich oft als fast unentbehrlich. Diese Dinge wollen jedoch bewusst genutzt werden, Sie sollten die Technik keinesfalls gedankenlos für sich arbeiten lassen.

Holz – Eisen – Feuer

Es geht in der Küche aber nicht nur darum, was Sie kochen, sondern wie Sie es kochen. Versuchen Sie bei den Küchengeräten darauf zu achten, möglichst viel Zubehör aus natürlichen Materialien zu benutzen. Der Kochlöffel und die Schneideunterlagen sollten z. B. besser aus Holz sein, neben der Ceran-Kochfläche wären zwei Kochstellen mit Gas, also offenes Feuer, sehr hilfreich. Töpfe und Pfannen sollten am besten aus Gusseisen sein, das Serviergeschirr aus Keramik und Porzellan. Den Mixer brauchen Sie auf jeden Fall, aber die Mikrowelle sollten Sie wirklich sehr, sehr sparsam benutzen, sie raubt dem Essen jegliche Energie.

Porzellan und Keramik

Nicht nur Servierschüsseln und -platten, auch das Geschirr, aus dem man isst, wird seiner Bestimmung nach eingesetzt. Wenn Sie die zarten Knospen einer beginnenden Liebe bewegen wollen, servieren und essen Sie aus Porzellangeschirr. Wenn Sie echte, glutvolle Leidenschaft erzeugen möchten, verwenden Sie Keramik. Die Gründe sind eigentlich einleuchtend, aber dennoch müssen wir sie uns ins Bewusstsein rufen. Porzellan hat eine sehr feine, unschuldig anmutende Struktur. Es wirkt liebevoll, aber nicht aufdringlich, es zeigt Geschmack und

Feinfühligkeit – also all das, was in einer oben beschriebenen Situation von Nutzen ist. Keramik dagegen bietet eine viel grobere Erscheinungsform. Es wirkt rustikaler, ursprünglicher und herzhafter – genau das Richtige, um einen leidenschaftlichen Abend einzuläuten. Getränke werden grundsätzlich aus Glas in Glas serviert, auch Tee. Es wirkt einfach schöner, ansprechender und romantischer. Ein Plastikbecher könnte die ganze Stimmung zunichte machen, ebenso wie die Weinflasche mit Schraubverschluss auf dem Tisch.

Magische Farben auf dem Tisch

Aber nicht nur das Geschirr ist wichtig, der ganze Tisch sollte entsprechend seiner Bestimmung gedeckt sein. Verwenden Sie bei einem Liebesmahl nur Rot und Weiß, vielleicht noch ein bisschen Schwarz für die Dekoration. Servietten und Kerzen sollten dabei unbedingt rot sein, der Rest bleibt Ihrer Phantasie überlassen. Egal, was Sie mit einem schönen Essen erreichen wollen, Kerzen gehören immer dazu. Sie sind nicht nur eine romantische Dekoration, sie stellen auch den Kontakt zwischen Ihren irdischen Anliegen und den kosmischen Kräften her, sie sind also ein absolutes Muss.

Wenn Sie ein schönes Abendessen planen, um einen Erfolg in materieller Hinsicht zu erreichen, müssen Servietten und Kerzen blau sein. Ob Sie nun die Mahlzeit in und auf Porzellan oder Keramik servieren, bleibt Ihrem Gefühl überlassen.

Für rituelle, meditative Sitzungen, die Sie alleine oder mit Freundinnen durchführen, dekorieren Sie die Tafel in Violett. Diese Farbe fördert die Spiritualität. Nehmen Sie Kerzen und Tücher zu Hilfe und kombinieren Sie die Farbe eventuell mit dem schlichten Grau von großen Steinen.

Die Farbe Grün steht für Wachstum und Reichtum – lichtes Grün ist besonders geeignet als Dekofarbe zur Feier des Frühlings, für Fruchtbarkeitsrituale oder für ein schönes Essen mit einer Freundin, die ein Baby erwartet.

Gelb und Orange dagegen wirken heiter und gesellig. Zusammen fördern sie die lebhafte Kommunikation und verhindern Einsamkeit und Trübsinn.

Machen Sie sich diese magische Farbwirkung zunutze, wenn Sie ein Festmahl mit vielen Freundinnen und Freunden planen oder eine größere Familienfeier ansteht. Auch Menschen, die sich noch nicht kennen oder die sich nicht sehr nahe stehen, kommen in einer so heiteren Stimmung ins Gespräch, sie werden sich amüsieren und Ihr Fest in guter Erinnerung behalten.

Magische Farben und Speisen wirken übrigens am besten an den hexischen Feiertagen. Küchenhexen werden deshalb ihre Feste – wenn möglich – an solchen Tagen zelebrieren, um die größtmögliche Unterstützung für ihre Zaubereien zu erhalten.

Die Magie der Lebensmittel

Mit Lebensmitteln sollten wir respektvoll umgehen. Sie geben uns die Nährstoffe, die unsere Gesundheit erhalten, sie haben Inhaltsstoffe, die uns inspirieren und sogar auf magische Weise beeinflussen. Wenn Sie Ihrem Mann – auch gut gemeint – zum Abendessen eine Haferschleimsuppe präsentieren, wird das weit seltener einen erotisch knisternden Abend einleiten als etwa eine verführerisch rote Tomatencremesuppe mit anregenden Kräutern oder eine Portion knackiger Spargel.

Fleisch und Fisch

Eine gute, weißmagische Hexe ist auch allen Lebewesen gegenüber freundlich eingestellt. Viele Hexen sind deshalb Vegetarierinnen. Viele essen aber durchaus Fleisch und Fisch – in Maßen. Und dabei bevorzugen sie das Fleisch solcher Tiere, die ein glückliches Leben führen durften: also vor allem Lamm, das nie aus Massentierhaltung stammt, außerdem Geflügel aus Freilandhaltung, Fische und Meeresfrüchte aus den Weiten des Ozeans.

Viele Hexen bitten einen Baum um Vergebung, bevor sie Blätter für einen Tee abreißen und danken ihm, wenn sie seine Früchte ernten. Wir sprechen mit Mutter Erde, wenn wir Gemüse und Wurzeln ernten und mit den Tieren, deren Eier oder Milch wir wegnehmen.

Obst und Gemüse

Abgesehen davon schmecken Produkte aus der Natur, wie Obst, Gemüse, Getreide, Fleisch und Milchprodukte, am besten, wenn sie natürlich erzeugt werden und frisch in die Küche kommen. Wir haben heute die Möglichkeit, Obst- und Gemüsesorten aus aller Welt immer und überall zu kaufen. Aber seien Sie ehrlich, eine frisch gepflückte Ananas schmeckt auf Mauritius tausendmal feiner als eine – scheinbar frische – Ananas hier. Erstens sind die Südfrüchte, die wir hier kaufen können, meist unreif gepflückt worden, und so schmecken sie auch. Zweitens, und das ist die etwas magische Seite: Selbst wenn diese Früchte reif gepflückt wurden, bevor sie per Flugzeug oder Schiff zu uns kamen, schmecken sie nicht so gut, wie sie uns an Ort und Stelle schmecken würden. Sie geben in ihrem Geschmack die Stimmung, die Atmosphäre der Region wider, in der sie gewachsen sind. Probieren Sie es einfach aus. Haben Sie schon einmal eine Orange in Italien frisch vom Baum gepflückt und gegessen? Welches Erlebnis verbinden Sie damit? Haben Sie später Orangen hier gegessen, und haben Sie das Gleiche empfunden? Ich bin mir sicher, dass fast niemand diese Frage mit Ja beantworten kann. Ausländische oder exotische Frucht- und Gemüsesorten haben aber auch in unserer Hexenküche teilweise ihre Berechtigung, oft gibt es kein einheimisches Produkt, das sie in bestimmten Rezepten ersetzen könnte (denken Sie nur an den Granatapfel voller erotischer Symbolik!). Wichtig dabei ist auf jeden Fall: Der optimale Genuss und damit auch die optimale magische Wirkung geht nur von denjenigen Lebensmitteln aus, die wir wirklich von Herzen genießen, die ursprünglich und aromatisch sind.

Auch wenn sie von der Bedeutung her noch so gut passen sollten – servieren und verzehren Sie keine Speisen, die Sie nicht mögen oder nicht vertragen. Wer schon als Kind Spinat gehasst hat, dem wird der Kräuterkraftstrudel mit viel Spinat heute auch keine Kraft schenken.

Unverfälschtes aus der Natur

Um also hier mit natürlichen Zutaten optimale Wirkung zu erzielen, sollten wir in der Hauptsache einheimische Nahrungsmittel verwenden. Gegen ein bisschen Exotik dazu ist gar nichts einzuwenden. Doch, wo auch immer die Zutaten herkommen, die Sie für Ihre Küchenhexereien verwenden – sie sollten möglichst natürlich, d. h. im Einklang mit der sie umgebenden Natur und nicht zu deren Nachteil produziert worden sein. Durch hochgezüchtete und chemisch behandelte pflanzliche Nahrungsmittel und durch nicht artgerecht gehaltene Tiere, die uns Fleisch liefern, berauben wir uns selbst unserer lebenswichtigen Nährstoffe und Vitamine. Und – wir produzieren auch auf Kosten unseres Genusses. Dabei ist Genuss in jeder Hinsicht, gerade auch beim Essen, für unser seelisches Wohlbefinden existenziell wichtig. Also, selbst wenn es etwas teurer ist, kaufen Sie lieber Lebensmittel aus kontrolliert ökologischem Anbau und artgerechter Tierhaltung, Sie haben garantiert mehr davon.

Vom richtigen Zeitpunkt

Den Mond beachten

Ein Blick in den Mondkalender kann entscheidend zum Gelingen Ihrer Küchenhexereien beitragen. Bei zunehmendem Mond sollten Sie beispielsweise auf Hülsenfrüchte verzichten, da diese Mondphase deren blähungsfördernde Wirkung verstärkt. Bei abnehmendem Mond dürfen Sie sie gern servieren, ebenso alle anderen verdauungsfördernden Speisen. In dieser Zeit ist alles gut, was den Körper reinigt und den Kreislauf anregt. Jetzt können Sie aber auch die Schweinshachse und schwer Verdauliches auf den Tisch bringen, der Körper verarbeitet es besser und die Gefahr, zuzunehmen ist nicht so groß.

Anders sieht es bei zunehmendem Mond aus. In dieser Phase müssen Sie sorgfältiger planen: Alles, was Sie jetzt zu sich nehmen, setzt an. Der zunehmende Mond hat in kulinarischer Hinsicht aber auch seine Vorteile. Jede gute Speise, die Sie in dieser Zeit zubereiten, beispielsweise um jemanden,

in den Sie sich gerade verliebt haben, zu verführen, oder etwa um wichtige Verhandlungen zu begleiten, wird Erfolg bringen. Wenn der Mond zunimmt, gewinnt er an Kraft, er gibt diese Energie an uns weiter, und wir saugen sie auf wie ein Schwamm. Das geschieht unbewusst und automatisch. Diese Kraft des Mondes wird meistens unterschätzt, aber sie ist da und real. Wenn Sie mit Hilfe eines guten Essens dringend etwas Bestimmtes erreichen wollen, so kochen Sie es bei zunehmendem Mond, und das Mahl wird Ihren Zielen förderlich sein.
Natürlich können Sie auch bei abnehmendem Mond zielgerichtet Speisen zubereiten. Konzentrieren Sie sich in dieser Zeit aber mehr auf sich selbst und auf Dinge, die Sie gerne loswerden und ablegen wollen. Jetzt sind vor allem Rezepte für die Gesundheit, zur Reinigung und für klärende Gespräche sehr gut.

Magie von Tag und Uhrzeit

Wann immer Sie die Möglichkeit haben, sollten Sie folgenden absolut magischen Tipp beachten. Er ist vielleicht nicht jedesmal durchführbar, aber er verspricht die optimale Nutzung Ihrer eigenen Energie, die Sie in das Essen einbringen möchten. Es geht um den richtigen Zeitpunkt für das Kochen und für das Servieren der Mahlzeit. Wenn Sie beabsichtigen, ein Liebesmahl zuzubereiten, wählen Sie für das Kochen die Sonnenstunden und für das Essen die Venusstunden. Für den erotischen Abend sind es folgende Stunden:

Sonntag:	Kochen von 14.00 bis 15.00 Uhr
	Essen von 15.00 bis 16.00 Uhr
Montag:	Kochen von 18.00 bis 19.00 Uhr
	Essen von 19.00 bis 20.00 Uhr
Dienstag:	Kochen von 15.00 bis 16.00 Uhr
	Essen von 16.00 bis 17.00 Uhr
Mittwoch:	Kochen von 19.00 bis 20.00 Uhr
	Essen von 20.00 bis 21.00 Uhr
Donnerstag:	Kochen von 16.00 bis 17.00 Uhr
	Essen von 17.00 bis 18.00 Uhr
Freitag:	Kochen von 20.00 bis 21.00 Uhr
	Essen von 21.00 bis 22.00 Uhr
Samstag:	Kochen von 17.00 bis 18.00
	Essen von 18.00 bis 19.00 Uhr

Wenn Sie aber eher daran denken, beim Essen über Geldgeschäfte oder berufliche Perspektiven zu verhandeln, verlegen Sie die oben genannten Termine um eine Stunde vor. Diese Zeiten gelten für die Winterzeit, im Sommer rechnen Sie bitte eine Stunde dazu.

Halten Sie sich aber nicht sklavisch an die vorgenannten Koch- und Essensstunden. Die besten Zeiten für Ihr persönliches Hexenmahl kennen nur Sie selbst am besten: Es sind die Stunden, die Sie am meisten lieben, in denen Sie sich inspiriert und kraftvoll fühlen, um die von Ihnen zubereiteten Gerichte mit Liebe und Energie magisch aufzuladen – die Stunden, die Sie am liebsten in zärtlicher Zweisamkeit verbringen, die Stunden, in denen Sie sich in fröhlicher Runde Ihren Freundinnen und Freunden widmen können, die Stunden, an denen Sie Ihre Familie bei einem heiteren Mahl versammeln. Hören Sie auf Ihre innere Stimme, auf Ihre Intuition – und Sie werden den richtigen Zeitpunkt herausfinden.

Denken Sie daran: Was auch immer Sie tun – tun Sie es mit Liebe im Herzen, ohne Groll und Wut. Denn alles, was Sie in diesem Sinne beginnen, wird Ihnen optimalen Erfolg garantieren, auch wenn es manchmal schwierig erscheint. Hindernisse, besonders in einem selbst, sind dazu da, überwunden zu werden.

In Licht und Liebe

Ihre THEA

Auch der Ort eines rituellen Mahls kann entscheidend für den Erfolg sein. Verlegen Sie ihre Gastmähler einmal ins Freie, etwa an ein Seeufer oder in eine Waldlichtung, oder in ungewöhnliche Räumlichkeiten: einen Holzschuppen oder auf den Dachboden.

Kräuterhexereien durch das Jahr

wecken unsere sinnliche Freude an den Jahreszeiten: Denken Sie an den Duft von frühlingsfrischer Melisse, an den fein-süßen Geschmack von Kerbel, der so wunderbar zu Erdbeeren passt, an das Sommeraroma von Basilikum, das sonnenwarme reife Tomaten zur Köstlichkeit macht. Jedes Kräutlein, jedes Gewürz hat seinen eigenen Charakter – was die Menschen über Jahrtausende für Genuss und Gesundheit einzusetzen wussten. Weise Frauen kannten die Heilwirkung der Kräutersäfte, sie kochten Tees für ihre Patienten und reinigten die Räume mit dem Rauch der Gewürze. Machen wir uns das Wissen von früher zunutze und verbinden es mit unserer Lust am guten Essen. Heilsame Kräuter begleiten uns auch auf dem Weg nach innen. Wir sollten diesen Weg bei körperlichem und seelischem Stress gehen – er führt uns wieder zu uns selbst zurück.

Bunter Energiesalat

Aktiviert Ihre Kräfte

Für 4 Personen

Salat: 2 kleine feste Zucchini * 2 Knoblauchzehen

Saft und Schale von 1 unbehandelten Zitrone * 1 Zweig frischer Thymian * 6 EL Olivenöl

500 g Tomaten * 1 mittelgroße Salatgurke * 1 Bund Radieschen * 1 Kopf Romanasalat

2 EL Tomatensaft * 3 EL Weißweinessig * Salz * frisch gemahlener Pfeffer

Oliven: 200 g entsteinte schwarze Oliven * 100 g Mehl

1/2 TL Zitronenpfeffer * 1/4 TL getrockneter Oregano

1 große Messerspitze Kräutersalz * ca. 125 ml trockener Weißwein

1 Ei * Öl zum Ausbacken

Lassen Sie sich von Ihrer Lust an Farben inspirieren: Zum üppigen Rot und Grün des Salats passt statt der Oliven auch das klare Weiß von Mozzarellabällchen oder Ziegenfrischkäse.

1. Die Zucchini waschen, abtrocknen, von Stiel- und Blütenansätzen befreien und der Länge nach in Scheiben schneiden. Die Knoblauchzehen abziehen und grob hacken. Ein etwa 10 Zentimeter langes Stück Zitronenschale sehr dünn abschälen und fein zerkleinern. Den Zitronensaft auspressen. Thymian waschen, trockentupfen, die Blättchen abstreifen.

2. In einer Pfanne 2 Esslöffel Öl erhitzen. Die Zucchinischeiben darin bei mittlerer bis schwacher Hitze auf beiden Seiten goldbraun braten.

3. Die Pfanne von der Kochstelle nehmen. Gehackten Knoblauch, Zitronenschale und -saft und Thymian vermischen und auf den Zucchini verteilen. Zucchini zugedeckt stehen lassen, bis die anderen Zutaten vorbereitet sind. Die Tomaten waschen, abtrocknen und achteln. Die Gurke schälen oder waschen und in dünne Scheiben schneiden. Die Radieschen waschen und ebenfalls in Scheiben schneiden.

4. Den Romanasalat zerpflücken, Blätter waschen, trockenschwenken und quer in fingerbreite Streifen schneiden. Für das Dressing den Tomatensaft mit Essig, Salz, Pfeffer und dem restlichen Öl verrühren.

5. Die vorbereiteten Salatzutaten damit mischen und auf eine Platte geben. Die Zucchinischeiben daneben anrichten.

6. Die Oliven in einem Sieb abtropfen lassen. Jeweils 3 bis 4 Oliven auf Holzspießchen stecken.

7. Das Mehl mit Zitronenpfeffer, Oregano, Kräutersalz und Wein glatt rühren. Das Ei kräftig untermischen und alles zu einem Eierkuchenteig verrühren.

8. Das Öl zum Ausbacken erhitzen. Die aufgespießten Oliven durch den Teig ziehen und im heißen Öl in etwa 4 Minuten knusprig ausbacken. Kurz auf Küchenkrepp abtropfen lassen und möglichst heiß zum Salat servieren.

Theas geheimer Tipp

Der Sommer schenkt Ihnen eine Menge Kraft: Sonnenreife Tomaten, saftige Gurken, rote Radieschen und knackiger Salat schützen den Körper vor schädlichen Einflüssen und wecken Ihre Selbstheilungskräfte. Denken Sie daran: Heimisches Gemüse aus dem Naturkostladen wirkt am besten bei Ihren Küchenhexereien.

Brunnenkressesalat

Für das innere Gleichgewicht

Für 4 Personen (Rezeptfoto siehe unten)

200 g Brunnenkresse * Saft von 1 Zitrone * 2 EL Madeira * Salz

frisch gemahlener Pfeffer * 6 EL kaltgepresstes Olivenöl

200 g Räucherlachs in dünnen Scheiben

1. Die Brunnenkresse verlesen, waschen und die Blättchen von den Stielen zupfen. Auf Tellern verteilen.

2. Die Stiele sehr fein zerkleinern. In einer Schüssel mit Zitronensaft, Madeira, Salz, Pfeffer und Öl verrühren und 10 Minuten ziehen lassen.

3. Die Mischung über den Brunnenkresseblättchen verteilen. Wem der Salat noch nicht ausreichend gewürzt ist, würzt mit Salz und grob gemahlenem Pfeffer nach.

4. Den Räucherlachs zu kleinen Rosetten formen und gleichmäßig verteilt auf dem Salat anrichten.

Wilde Brunnenkresse stirbt erst im Winter, wenn der klare Bach, in dem sie wächst, gefriert. Vorher schenkt Sie Ihnen all ihre wunderbar pfeffrige Würze und die Kraft: Besonders wichtig sind die Substanzen, die unser Immunsystem stärken.

Gemüse-Kräuter-Süppchen

Von guten Erdgeistern empfohlen

Für 4 Personen

1 Päckchen getrocknete Pilze (ca. 20 g) * 1 große Zwiebel * 2 Knoblauchzehen
1 kleiner Spitzkohl (ca. 500 g) * 2 fest kochende Kartoffeln * 5 EL Olivenöl
4 EL Tomatenmark * 1 1/2 l Gemüse- oder Fleischbrühe * 2 kleine Zucchini
1 Packung TK-Erbsen (300 g) * 50 g Hörnchennudeln * 50 g Pecorino oder Parmesan
1 Bund Grüne-Sauce-Kräuter (Borretsch, Dill, Estragon, Kerbel, Kresse,
Liebstöckel, Petersilie, Pimpinelle, Schnittlauch, Zitronenmelisse)
500 g Tomaten * Salz * frisch gemahlener Pfeffer

Einst hielten freundliche Erdgeister Leib und Seele von uns erdverbundenen Frauen zusammen. Sie halfen unseren Vorfahrinnen, den Hebammen, Ärztinnen und Köchinnen, die Kraft der Kräuter zu nutzen. Schließlich waren die kleinen Geisterchen Kinder der leidenschaftlichen Feuerlilie, die sich den flinken Salamander als Partner erwählt hatte.

1. Die Pilze in 1/8 Liter Wasser einweichen, bis die anderen Zutaten vorbereitet sind.

2. Die Zwiebel und den Knoblauch abziehen und fein zerkleinern. Den Spitzkohl vierteln, vom Strunk befreien, waschen und in knapp fingerbreite Streifen schneiden. Die Kartoffeln schälen, waschen und würfeln.

3. Das Öl in einem großen Topf erhitzen, Zwiebel und Knoblauch darin bei schwacher Hitze glasig braten. Tomatenmark zugeben und kräftig anrösten.

4. Die Kohlstreifen und die Kartoffeln zugeben und alles bei mittlerer Hitze unter Wenden etwa 3 Minuten kräftig schmoren. Die Pilze mit dem Pilzwasser und die Brühe zugeben, aufkochen und die Suppe 15 Minuten garen.

5. Inzwischen die Zucchini waschen, putzen und in Scheiben schneiden. Mit den Erbsen und den Nudeln in die Suppe geben. Die Suppe erneut aufkochen und weitere 8 bis 10 Minuten garen, bis die Nudeln knapp bissfest sind.

6. Den Pecorino reiben, die Kräuter waschen, trocknen und fein zerkleinern. Die Tomaten überbrühen, abziehen und würfeln.

7. Die Kräuter und die Tomaten in die Suppe rühren und einmal kräftig aufkochen. Die Suppe mit Salz und Pfeffer abschmecken, mit dem Pecorino bestreuen und sofort servieren.

Theas geheimer Tipp

Kochen Sie diese reichhaltige Gemüsesuppe zum 1. Juni, dem Ehrentag von Carna, der römischen Göttin der Nahrungsaufnahme. Schon die alten Römer brachten ihr zu diesem Festtag eine kräftige Suppe dar, damit sie sich ihres Beistands gewiss sein konnten. Carna versprach ihnen dafür genügend Nahrung für das ganze Jahr.

Bouillabaisse

Für die Lust an Farben und Düften

Für 4 Personen (Rezeptfoto siehe unten)

1 kg küchenfertige Mittelmeerfische (z. B. Seeaal, Meerbrassen, Knurrhahn, Seeteufel und Wittling)

Saft von 1 Zitrone * frisch gemahlener weißer Pfeffer * 2 große Fleischtomaten

1 große Zwiebel * 1 Knoblauchzehe * je 1 rote und grüne Paprikaschote * 1 kleiner Zucchino

4 EL Olivenöl * 1 Bund Kräuter der Provence * 4 dünne Scheiben französisches Landbrot

1 Bund Petersilie * 3 EL trockener Weißwein * Salz

1. Die Fische unter fließendem kalten Wasser abspülen, mit Küchenkrepp trockentupfen und in Portionsstücke schneiden. In eine Schüssel geben. Mit dem ausgepressten Zitronensaft und Pfeffer vermischen.

2. Die Tomaten überbrühen. Zwiebel, Knoblauch und Tomaten abziehen und grob zerkleinern. Die Paprikaschoten putzen, waschen und würfeln. Alle diese zerkleinerten Zutaten im heißen Öl unter Rühren 3 Minuten schmoren.

3. Die Fischstücke und die Provencekräuter im Bund auf das Gemüse legen und zugedeckt 3 Minuten garen. 1 Liter heißes Wasser zu den Fischen gießen und alles bei mittlerer Hitze etwa 15 Minuten garen.

4. Die Brotscheiben im Toaster rösten und in tiefe Teller legen. Die Petersilie hacken. Auf dem Brot verteilen. Die Suppe mit Wein, Salz und Pfeffer abschmecken, den Kräuterbund entfernen. Die Suppe in die Teller geben und sofort servieren.

Maler liebten zu jeder Zeit die kräftigen Farben, mit denen sich Mutter Natur im Sommer schmückt. Besorgen Sie für diese Suppe alle Gemüse, die Sie gerne mögen, experimentieren Sie ruhig mit Düften und Aromen – der Genuss für Sie und Ihre Lieben kommt dann von selbst.

Süppchen der Erdmütter

Mit dem Kraut der Sommerglut

Für 8 Personen (Rezeptfoto siehe links)

Klößchen: 30 g weiche Butter * 1 Ei * 30 g geriebener Emmentaler
oder mittelalter Gouda * Salz * frisch gemahlener schwarzer Pfeffer
geriebene Muskatnuss * knapp 100 g Mehl
Suppe: 1 mittelgroße mehlig kochende Kartoffel * 1 Schalotte
1 Knoblauchzehe * 1 EL Öl * 1 l Fleisch- oder Hühnerbrühe * 2–4 Bund Petersilie (200 g)
1 EL Butter * 100 g Crème double * Salz * frisch gemahlener weißer Pfeffer * 1 EL Zitronensaft

1. Die Butter schaumig rühren. Das Ei, den Käse, Salz, Pfeffer und Muskat unterrühren. Zum Schluss das Mehl untermischen. Den Teig 30 Minuten ruhen lassen.

2. Inzwischen die Kartoffel schälen, waschen und klein würfeln. Die Schalotte und den Knoblauch abziehen und hacken. Alles im heißen Öl anbraten.

3. Die Brühe zugießen, die Suppe aufkochen und etwa 10 Minuten kochen lassen, bis die Kartoffel weich ist.

4. In einem zweiten Topf reichlich Salzwasser zum Kochen bringen. Aus dem Teig mit zwei Teelöffeln Klößchen abstechen und in dem kochenden Salzwasser 10 Minuten garen.

5. Die Petersilie verlesen, waschen und trockentupfen. Blättchen und Stiele sehr fein hacken.

6. Die Petersilie in die Suppe geben, die Suppe pürieren, dabei Butter und Crème double zugeben.

7. Die Suppe erhitzen, aber nicht mehr aufkochen. Mit Salz, Pfeffer und Zitronensaft abschmecken und mit den abgetropften Käseklößchen in vorgewärmten Suppentassen anrichten.

Theas geheimer Tipp

Petersilie birgt so viel Kraft in sich, dass weißmagische Hexen sehr vorsichtig damit umzugehen wissen: Wenn die Freundin ein Baby erwartet, ist das Petersiliensüppchen fehl am Platz. Denn Petersilie kann in großen Mengen verzehrt Frühgeburten auslösen.

Unverwechselbar würzig und leicht scharf schmeckt nur Petersilie vom Freiland. Holen Sie sich das Kraut so oft wie möglich frisch: Vielleicht können Sie Ihren täglichen Morgenlauf zu einem Gärtner ausdehnen. Oder Sie pflanzen das Würzkraut der freundlich-mütterlichen Göttinnen unserer Ahnen selbst auf dem Balkon.

Basilikumravioli

Für Energie und Heiterkeit

Für 6 Personen (Rezeptfoto siehe rechts)

Nudelteig: 250 g Mehl * 4 Eigelbe * 1 EL Olivenöl * Salz

Füllung: 1 Schalotte * 1 Knoblauchzehe * 1 TL Öl * 3 große Bund Basilikum

1 Bund Rauke * 300 g Ziegenfrischkäse * 100 g Doppelrahmfrischkäse

Salz * frisch gemahlener Pfeffer * eventuell Mehl für die Arbeitsfläche

1 Eiweiß zum Bestreichen * 50 g Butter * 70 g Parmesan

Das Kraut der Herrscher liebten schon die alten Ägypter: In Pharaonengräbern fand man Basilikumsträuße, die den Toten auf seiner Jenseitsreise begleiten sollten. In Indien trägt Vishnu es bei sich, der Gott, der die Schöpfung erhält und den Menschen hilft, mit beiden Beinen fest auf der Erde zu stehen.

1. Das Mehl mit den Eigelben, Öl, Salz und 3 bis 4 Esslöffeln kaltem Wasser zu einem elastischen Teig verkneten. Ist der Teig noch zu trocken, einige Tropfen kaltes Wasser unterkneten; ist er zu feucht, etwas Mehl dazugeben. Den Teig in Folie wickeln und bei Zimmertemperatur 1 Stunde ruhen lassen.

2. Inzwischen für die Füllung die Schalotte und den Knoblauch abziehen und sehr fein zerkleinern. Im heißen Öl glasig braten. Das Basilikum und die Rauke waschen und trocknen. Die Blättchen abzupfen, einige davon zum Bestreuen beiseite legen. Den Rest der Kräuterblättchen fein hacken.

3. Ziegen- und Doppelrahmfrischkäse mit Schalotte, Knoblauch und zerkleinerten Kräutern mischen und mit Salz und Pfeffer abschmecken.

4. Den Nudelteig auf der bemehlten Arbeitsfläche oder mit der Nudelmaschine zu zwei langen Bahnen dünn ausrollen. Eine Platte mit dem verquirlten Eiweiß bestreichen. Mit einem Spritzbeutel oder Teelöffel in regelmäßigen Abständen etwas Füllung darauf setzen (es werden etwa zwölf Ravioli).

5. Die zweite Teigplatte darüber legen und den Teig zwischen der Füllung gut andrücken. Mit einem gezackten runden Plätzchenausstecher oder einem Teigrädchen Ravioli ausschneiden. Eventuell die Ränder der Ravioli noch mit den Zinken einer Gabel festdrücken, damit sie beim Kochen nicht aufgehen. Die Ravioli mit einem Küchentuch bedeckt etwa 20 Minuten ruhen lassen.

6. Inzwischen die Butter zerlassen und nach Wunsch leicht bräunen. Den Parmesan hobeln oder raspeln.

7. In einem großen Topf reichlich Salzwasser aufkochen. Die Ravioli zugeben und im sanft siedenden Wasser etwa 5 Minuten garen. Mit einer Schaumkelle aus dem Wasser nehmen, etwas abtropfen lassen und auf vorgewärmten Portionstellern anrichten.

8. Zuerst die flüssige Butter, dann den Parmesan und zum Schluss die Kräuterblättchen auf den Ravioli verteilen.

Theas geheimer Tipp

Die Ravioli sollten Sie genießen, wenn Sie einmal besonders niedergeschlagen sind. Denn das sonnenwarme Basilikum weckt Ihre Lust an Düften, die Arbeit mit dem zarten Teig spricht Ihre Freude am Spiel mit Formen an, und der saftige Ziegenkäse lässt Sie die Heiterkeit des Lebens wieder erkennen.

Mangold pineta
Gutes vom Lebensbaum

Für 4 Personen

750 g Mangold * 2 Knoblauchzehen * 1 unbehandelte Zitrone
5 EL Sonnenblumenöl * 50 g Pinienkerne * 50 g Rosinen * Salz
Cayennepfeffer * 1 TL gemahlener Koriander

1. Den Mangold waschen, trocknen und in feine Streifen schneiden. Knoblauch abziehen und fein hacken. Die Zitrone waschen, abtrocknen, ein etwa 10 Zentimeter großes Stück Schale dünn abschälen und fein zerkleinern. Den Zitronensaft auspressen.

2. Das Öl in einem großen Topf erhitzen. Pinienkerne darin bei schwacher Hitze unter Wenden goldgelb braten. Herausnehmen und beiseite stellen.

3. Mangold, Knoblauch, Zitronenschale und -saft und Rosinen im Bratöl der Pinienkerne bei starker Hitze unter Rühren etwa 3 Minuten schmoren. Salz, Cayennepfeffer und Koriander zugeben und aufkochen.

4. Den Deckel auflegen und den Mangold zugedeckt etwa 3 Minuten garen. Mit den Pinienkernen bestreut anrichten.

Griechen und Römern galt die Pinie als Symbol des Lebens, und die Frauen trugen zu Ehren der Muttergottheit einen Stab mit Pinienzweigen. Genießen Sie dieses Gericht mit Mangold und Pinienkernen, wenn Sie den Kopf von störenden Eindrücken befreien wollen, wenn Sie Ruhe und Besonnenheit brauchen.

Kräuterkraftstrudel

Sattes Grün für starke Frauen

Für 6 Personen

Teig: 250 g Mehl * 1 Prise Salz * 1/8 l lauwarmes Wasser * 5 EL Öl * 1 Eigelb

Füllung: 1 Packung TK-Blattspinat (300 g) * 1 mittelgroße mehlig kochende Kartoffel

1 Zwiebel * 2–4 Bund gemischte Kräuter (200 g; z. B. Löwenzahn, Petersilie,

Salbei, Gundermann, Giersch, Vogelmiere, Sauerampfer, Johanniskraut)

150 g Emmentaler * 100 g saure Sahne * Salz * Cayennepfeffer

geriebene Muskatnuss * Mehl für die Arbeitsfläche * 2 EL Öl

Fett für die Form * 50 g Butter

Wilde Kräuter schenken Ihnen noch mehr Kraft als zahmer Spinat. Holen Sie sich deshalb möglichst viel von dem würzigen Grünzeug aus Wald und Flur und nehmen Sie Spinat und Kräuter vom Markt nur zur Ergänzung!

1. Für den Teig alle Zutaten zuerst in einer Schüssel vermischen, dann auf der Arbeitsfläche so lange kräftig durchkneten, bis ein elastischer glatter Teig, der nicht mehr klebt, entstanden ist.

2. Den Teig zu einem Kloß formen, in Pergamentpapier wickeln, in eine angewärmte Schüssel legen, mit einem angewärmten Teller abdecken und ruhen lassen, bis die Füllung zubereitet ist.

3. Den Spinat aus der Packung nehmen und auftauen lassen. Die Kartoffel schälen, waschen und reiben. Die Zwiebel abziehen und fein würfeln.

4. Die Kräuter waschen, trocknen und fein zerkleinern. Den Käse reiben. Den aufgetauten Spinat ausdrücken, damit er möglichst trocken ist.

5. Alle diese Zutaten mit dem Käse und der sauren Sahne vermischen. Die Füllung kräftig mit Salz, Cayennepfeffer und Muskatnuss würzen.

6. Den Strudelteig in drei Stücke schneiden. Das erste Stück auf wenig Mehl ausrollen, dann auf einem Küchentuch so dünn wie möglich ausziehen. Glatt auf dem Tuch ausbreiten.

7. Die Teigplatte mit etwas Öl bestreichen. Ein Drittel der Füllung darauf verteilen. Dabei am Rand 2 Zentimeter frei lassen, damit die Füllung beim Rollen nicht herausquillt.

8. Den Strudel locker aufrollen und die Enden einschlagen. Strudel mit dem Tuch anheben und in eine gefettete ofenfeste Form mit niedrigem Rand gleiten lassen.

9. Die restlichen beiden Teigstücke auf dieselbe Weise füllen, aufrollen und neben den ersten Strudel in die Form geben. Die Form in den kalten Backofen auf die mittlere Schiene stellen. Spinatstrudel bei 200 °C (Umluft 180 °C, Gas Stufe 3–4) etwa 1 Stunde backen. Die Butter zerlassen und die Strudel während der Backzeit zwei- bis dreimal damit bestreichen.

Theas geheimer Tipp

Weißmagische Hexen fühlen sich allen starken Frauen verbunden. So ist für selbst gesuchte Kräuter jeder Vollmond-Morgen ideal. An Vollmond steigen die Pflanzenenergien verstärkt in Blätter und Blüten, und der Morgentau nährt sie zusätzlich. Sammeln Sie immer eine ungerade Anzahl an Kräutern.

Junges-Gemüse-Gratin

Mit der mütterlichen Kraft von Milch

Für 4 Personen (Rezeptfoto siehe unten)

1 große vorwiegend fest kochende Kartoffel * 1 kleiner Kohlrabi

3 kleine feste Zucchini * 150 g Sahne * 1/8 l Milch

1 TL getrocknete Kräuter der Provence * 1 TL Paprikaflocken (siehe Randspalte)

Salz * 100 g junger Gouda * 50 g Butter

1. Die Kartoffel schälen und waschen. Den Kohlrabi schälen, die Zucchini waschen und abtrocknen. Alle drei Zutaten auf dem Gurkenhobel in dünne Scheiben hobeln. Die Scheiben schuppenförmig in eine Gratinform legen und mit Salz würzen.

2. Sahne, Milch, Kräuter der Provence, Paprikaflocken und Salz verrühren und über das Gratin gießen. Den Käse reiben und darüber streuen.

3. Die Butter in kleine Stückchen teilen und auf das Gratin legen. Das Gratin in den kalten Backofen auf die mittlere Schiene stellen und bei 200 °C (Umluft 180 °C, Gas Stufe 3–4) etwa 40 Minuten backen.

4. Das Gratin ist fertig gebacken, wenn seine Oberfläche schön gebräunt ist und die Kartoffelscheiben weich sind.

Paprikaflocken vereinen das sanfte Feuer reifer Schoten und die starke Glut der Chilis. Die Flocken aus dem türkischen Lebensmittelgeschäft verwöhnen Gaumen und Auge, weil sie feiner als das Pulver würzen und Ihr Essen als hübsche rote Pünktchen schmücken.

Gefüllte Zucchini

Gut zu frechen Festen

Für 4 Personen (Rezeptfoto siehe rechts)

300 g Lachsfilet * 2 Scheiben Toastbrot * 1 Bund gemischte Kräuter
(Petersilie, Dill, Schnittlauch, Pimpinelle, Dill, Pfefferminze, Borretsch, Kerbel)
1 kleine Zwiebel * 1 Knoblauchzehe * 1 unbehandelte Zitrone
2 EL Crème double * Salz * frisch gemahlener Pfeffer
8 mittelgroße Zucchini * 50 g Butter * 2 EL Olivenöl

Zucchini, die sichtbar männliche Blüten an langen Stielen und weibliche Blüten an den bereits wachsenden Früchten tragen, passen ausgezeichnet zum frechen Fest der fröhlichen Frauen in der Nacht zum 1. Mai.

1. Den Lachs, das entrindete Brot und die gewaschenen, trockengetupften Kräuter im Blitzhacker fein zerkleinern. Die Zwiebel und den Knoblauch abziehen und fein hacken.

2. Die Zitrone waschen und abtrocknen. Ein etwa 5 Zentimeter langes Stück Schale dünn abschälen und fein hacken. Den Saft auspressen.

3. Das Fischmus mit Zwiebel, Knoblauch, Zitronenschale und -saft und 1 Esslöffel Crème double vermischen. Die Füllung mit Salz und Pfeffer kräftig würzen.

4. Die Zucchini waschen, trocknen, der Länge nach halbieren und mit Salz und Pfeffer bestreuen.

5. Nebeneinander in eine große Gratinform oder einen flachen Bräter setzen. Das Fischpüree auf den Zucchinihälften verteilen.

6. Die Butter in Stückchen neben die Zucchini geben. Das Öl über die Zucchini träufeln.

7. Die Zucchini in den kalten Backofen auf die mittlere Schiene stellen und bei 200 °C (Umluft 180 °C, Gas Stufe 3–4) etwa 30 Minuten backen, bis sie gerade eben weich sind.

8. Auf heißen Tellern anrichten. Den Schmorsud in der Form mit der restlichen Crème double verrühren und über die Zucchini verteilen.

Theas geheimer Tipp

Beltane, die Walpurgisnacht, verspricht den absoluten Neubeginn. Gönnen Sie sich nach dem ausgelassenen Fest ein Essen, das Sie wieder mit genügend Energie versorgt. Fett von Fisch und Olivenöl lässt Sie wieder sanft auf dem Boden der Tatsachen landen.

Sardinen auf Tomatenbett

Für ein harmonisches Miteinander

Für 6 Personen

500 g Flaschentomaten * 400 g küchenfertige Sardinen * Saft von 1 Zitrone
2 große Zwiebeln * 4 Knoblauchzehen * 6 EL Olivenöl * Salz
frisch gemahlener schwarzer Pfeffer * 2 EL Semmelbrösel
2 EL weiche Butter * 1 EL Kräuter der Provence
6 große Scheiben italienisches Landbrot oder Crostini-Brot

Den Römern galten die silbrigen Sardinen, die sich in großen Schwärmen so elegant durchs Wasser schlängeln, als Symbol harmonischer Gemeinschaft. Bitten Sie Ihre Freunde zum gemeinsamen Mahl an einem lauen Sommerabend auf Balkon oder Terrasse.

1. Die Tomaten überbrühen, abziehen und würfeln. Die Köpfe der Sardinen gegebenenfalls entfernen, die Fische mit dem Zitronensaft beträufeln.

2. Den Backofen auf 200 °C (Umluft 180 °C, Gas Stufe 3–4) vorheizen. Die Zwiebeln und den Knoblauch schälen und fein zerkleinern. In 2 Esslöffeln heißem Olivenöl bei schwacher Hitze glasig braten.

3. Tomaten zugeben und unter häufigem Rühren zu einem dicken Mus schmoren. Mit Salz und Pfeffer kräftig würzen und abkühlen lassen. Die Semmelbrösel mit Butter und Kräutern verkneten.

4. Eine große Gratinform mit dem Brot auslegen. Das Brot mit dem restlichen Öl bepinseln, in den Backofen schieben und 10 Minuten backen.

5. Tomaten auf dem Brot verteilen, Sardinen darauf legen und mit der Butter-Brösel-Mischung in Flöckchen belegen. Das Gratin wieder in den Ofen stellen und in etwa 20 Minuten fertig backen.

Garnelen-Fisch-Ragout

Mit Löwenzahn für Löwenpower

Für 4 Personen (Rezeptfoto siehe rechts)

8 Riesengarnelen (ohne Panzer und Kopf) * 250 g Goldbarschfilet

100 g Seeteufelfilet (Lotte) * Saft von 2 Limetten * frisch gemahlener weißer Pfeffer

2 Schalotten * 1 Knoblauchzehe * 400 g Löwenzahn und Sauerampfer gemischt

200 g Zuckerschoten * 2 Tomaten * 2 EL Öl

3 EL trockener Weißwein oder Gemüsebrühe (aus Extrakt)

200 g Crème fraîche * Salz

1. Die Garnelen kalt abspülen und trockentupfen. Die Fischfilets ebenfalls kalt abspülen, trockentupfen und in etwa 2 Zentimeter große Stücke schneiden. Garnelen und Fischwürfel in eine Schüssel geben. Mit Limettensaft und Pfeffer vermischen und zugedeckt ziehen lassen, bis die anderen Zutaten vorbereitet sind.

2. Die Schalotten und den Knoblauch abziehen und fein zerkleinern. Den Löwenzahn und den Sauerampfer verlesen, mehrmals waschen und trockentupfen. Große Blätter grob hacken.

3. Die Zuckerschoten waschen, von Stiel- und Blütenansätzen befreien und in etwa fingerbreite Stücke schneiden. Die Tomaten überbrühen, abziehen und würfeln.

4. Das Öl in einem großen Topf erhitzen. Die Schalotten und den Knoblauch darin bei schwacher Hitze glasig braten. Zuckerschoten zugeben und einige Sekunden mitschmoren.

5. Löwenzahn, Sauerampfer, Tomaten, Wein und Crème fraîche zugeben und einmal aufkochen.

6. Die Garnelen und die Fischstücke zugeben, mit Salz würzen und zugedeckt bei mittlerer Hitze 3 bis 5 Minuten ziehen lassen, bis der Fisch gerade eben gar ist. Mit Salz und Pfeffer abschmecken, auf heißen Tellern verteilen und sofort servieren.

Theas geheimer Tipp

Sammeln Sie die Kräuter unbedingt selbst auf schönen Wiesen weitab von der Straße. Denn nur wildes Kraut stärkt unsere Lebensenergie, befreit Körper und Seele von unnützen Schlacken.

Wie Sonnenstrahlen leuchten die Löwenzahnblüten auf den saftig grünen Frühlingswiesen und versprechen uns schon die Fülle des Sommers. Die Blätter gelten seit langem als bestes Mittel gegen Trübsinn, denn sie kurbeln den Stoffwechsel an.

Flammende Seezungen

Für intensives Gefühlsleben

Für 4 Personen (Rezeptfoto siehe rechts)

1 Bund Dill * 1 Schalotte * 150 g Lachsfilet
1 Stück Zitronenschale * 2 EL Zitronensaft * 2 EL Crème fraîche
Salz * frisch gemahlener weißer Pfeffer * 4 Seezungenfilets (à ca. 100 g)
8 Sauerampferblätter * 125 ml Fischfond (Glas)
3 EL trockener Weißwein * 2 EL trockener Wermut
250 g Sahne * 4–8 schöne Kapuzinerkresseblüten

Die innere Wärme, die aus der Kapuzinerkresse strahlt, passt vorzüglich zum kühlen Fisch und zur fruchtigen Säure von Zitrone und Sauerampfer.

1. Den Dill waschen und trocknen, die Schalotte abziehen. Beide Zutaten getrennt fein zerkleinern.

2. Den Lachs mit der Zitronenschale, 1 Esslöffel Zitronensaft und der Crème fraîche mit dem Stabmixer pürieren. Mit dem Dill und der Schalotte mischen. Mit Salz und Pfeffer abschmecken.

3. Seezungenfilets mit der dunkleren Hautseite nach oben auf der Arbeitsfläche ausbreiten. Mit Salz und Pfeffer würzen, mit der Lachsfarce bestreichen und jedes Filet mit 2 gewaschenen Sauerampferblättern belegen. Die Seezungenfilets aufrollen und feststecken. Nebeneinander auf einen flachen Teller, der in einen Kochtopf passt, legen.

4. Den Fischfond mit Wein und Wermut in dem zum Teller passenden Topf aufkochen. Eine Tasse umgedreht in den Topf setzen, darauf den Teller stellen. Den Fisch zugedeckt bei schwacher Hitze 3 Minuten dämpfen.

5. Die Seezungenröllchen herausnehmen, mit 3 Esslöffeln Fond beschöpfen und zugedeckt warm halten.

6. Den Fond in einen kleinen Topf umgießen und zu einer sämigen Sauce einkochen. Dabei nach und nach die Sahne zugeben.

7. Die Sauce mit dem restlichen Zitronensaft, Salz und Pfeffer abschmecken. Seezungenröllchen auf vorgewärmten Tellern anrichten, mit der Sauce umgießen und mit den Kapuzinerkresseblüten garnieren.

Dazu passt: Baguette, Reis oder Salzkartoffeln und Salat

Theas geheimer Tipp

Es heißt, dass in Gewitternächten Flammen aus den feuerroten und flammengelben Blüten der Kapuzinerkresse schießen. Künstler und Mystikerinnen wussten um die geballte Kraft der Pflanze: Sie versenkten sich in die Betrachtung der Blumen, atmeten den würzigen Duft der zerriebenen Blätter ein und ließen sich auf Phantasiereisen entführen. Kräuterhexen nutzen diese Erfahrungen bei wichtigen Ereignissen wie der Sommersonnenwende am 21. Juni oder dem Fest der Göttin Diana am 13. August.

Powerfischgratin

Für Fitness in Körper und Geist

Für 4 Personen

400 g Seelachsfilet * Saft von 1 Zitrone * 100 g Toastbrot

200 ml Milch * 1 Bund Oregano * 2 Eier * 200 g Sahne

geriebene Muskatnuss * Salz * frisch gemahlener weißer Pfeffer * 1 EL Butter

1. Den Seelachs kalt abspülen, trockentupfen und in etwa 2 Zentimeter große Würfel schneiden. Die Würfel in einer Auflaufform verteilen, mit Zitronensaft beträufeln und 10 Minuten ziehen lassen.

2. Den Backofen auf 180 °C (Umluft 160 °C, Gas Stufe 2–3) vorheizen. Das Toastbrot sehr fein zerkrümeln und mit der lauwarmen Milch begießen. Zugedeckt ziehen lassen, bis die Milch vollkommen aufgesogen ist. Die Masse mit einer Gabel zerdrücken.

3. Den Oregano waschen und trocknen. Die Blättchen abzupfen und fein hacken. Die Eier mit der Sahne verquirlen. Oregano, Muskat, Salz und Pfeffer zugeben. Nach und nach die Brotmischung unterrühren.

4. Den Fisch mit etwas Salz und Pfeffer würzen. Die Eiercreme darüber glatt streichen. Die Butter in Flöckchen obenauf setzen. Das Gratin in den heißen Ofen auf die untere Schiene stellen. 25 Minuten backen, bis es leicht gebräunt ist.

Das Meer ist eine Schatzkammer, deren Inhalt wir nicht verschleudern dürfen: Fisch für geistige Fitness und ein kräftiges Herz muss sein. Doch wie alle wertvollen Lebensmittel genießen wir ihn lieber in Maßen.

Hähnchen im Grünen

Für einen Schub an innerer Kraft

Für 4 Personen (Rezeptfoto siehe rechts)

1 Zwiebel * 1 Knoblauchzehe * 1 Bund Kräuter für Lammkeule
(Salbei, Thymian, Rosmarin, Lorbeer)

1 kleine unbehandelte Zitrone * 1 Hähnchen (ca. 1,6 kg)

Salz * Zitronenpfeffer * 3 EL Olivenöl mit Chilischoten

Nutzen Sie die Wirkung von Lorbeer, wann immer Sie einen kreativen Schub brauchen. Denn was das Kraut in der Liebe nimmt (siehe Theas geheimer Tipp), gewährt es bei geistigem Stress: Kreativität und Erfolg. Durch Apoll, den Gott der Kunst und Wissenschaft, ist Lorbeer mit unseren geistigen Höhenflügen verbunden.

1. Die Zwiebel und den Knoblauch abziehen und fein hacken. Die Kräuter waschen und trockentupfen. Die Blätter abzupfen und fein zerkleinern. Die Zitrone waschen, abtrocknen und in kleine Stücke schneiden.

2. Das Hähnchen innen und außen unter kaltem Wasser abspülen und mit einem Küchentuch trocknen. Salz und Zitronenpfeffer auf einem Teller mischen. Das Hähnchen innen damit ausstreuen und außen mit der Mischung einreiben.

3. Zwiebel, Knoblauch, Kräuter und Zitronenstücke in das Hähnchen füllen. Die Öffnung schließen. Hähnchen mit der Brust nach oben in einen Bräter legen. Mit dem Chiliöl bestreichen.

4. Den Bräter zugedeckt in den kalten Backofen auf die untere Schiene stellen. Das Hähnchen bei 200 °C (Umluft 180 °C, Gas Stufe 3–4) 30 Minuten braten.

5. Das Hähnchen wenden und weitere 30 bis 40 Minuten im offenen Bräter garen, bis beim Anstechen einer Keule nur noch klarer Saft austritt.

6. Hähnchen auf den Rost legen und noch etwa 10 Minuten bräunen.

Theas geheimer Tipp

Meiden Sie Lorbeer auf alle Fälle bei einem Liebesmahl. Schließlich trug Apoll den Kranz aus Lorbeerzweigen in traurigem Gedenken an einen erotischen Flop: Die Nymphe Daphne hatte sich lieber von den Göttern in einen Lorbeerbaum verwandeln lassen, als das Liebeswerben Apolls zu erhören.

Ingwerfilet »Hong Sun«
Feuer aus dem Fernen Osten

Für 4 Personen

1 Stück frischer Ingwer (ca. 5 cm) * 2 EL Erdnusskerne
1 Bund Koriandergrün * 4 Scheiben Rinderfilet (à ca. 150 g)
Salz * frisch gemahlener Pfeffer * 1–2 EL Mehl
2 EL Erdnussöl * 1 EL Paprikaflocken (siehe Seite 21)
3 EL helle Sojasauce * 1/8 l Hühnerbrühe
1 TL Sesamöl * 1 EL Ahornsirup oder Honig * Salz

Kalte Wintertage verlangen nach sanftem Essen mit Zutaten, die Herz, Seele und Geist wärmen. Natürlich können Sie dann Erbsensuppe servieren. Doch für Küchenhexereien ist die viel zu simpel. Locken Sie lieber mit heißem Ingwer, knackigen Nüssen, würzigem Koriander und einem Löffel sanft-aromatischem Sesamöl.

1. Den Ingwer schälen und in feine Stifte schneiden. Die Erdnüsse fein hacken. Den Koriander waschen, trocknen und fein schneiden.

2. Die Filetscheiben salzen, pfeffern und mit Mehl bestäuben. Im heißen Öl von beiden Seiten kräftig braun anbraten. Bei mittlerer Hitze pro Seite in 3 bis 4 Minuten fertig braten (sie sollen innen noch rosa sein). Aus der Pfanne nehmen und warm stellen.

3. Die Pfanne von der Kochstelle ziehen. Den Ingwer ins Bratfett geben, Paprikaflocken, Sojasauce, Brühe, Sesamöl und Sirup oder Honig zufügen und aufkochen.

4. Die Sauce mit 1 Prise Salz abschmecken. Etwa die Hälfte des Korianders untermischen.

5. Die Steaks kurz in der Sauce schwenken und auf vorgewärmten Tellern anrichten. Mit der Sauce umgießen, mit Erdnüssen und dem Rest der Korianderblättchen bestreuen.

Dazu passt: Reis oder Brot und Salat.

Theas geheimer Tipp

Asien-Essen wirkt am schönsten auf Auge und Gaumen mit viel Grün: Wenn genügend Platz ist, versammeln Sie auf einem kleinen Tischchen neben der Tafel die edelsten Ihrer Zimmerpflanzen – zum Beispiel Farne, Palmen und Zyperngras. Gedeckt wird der Tisch mit Schälchen und Stäbchen; für Ungeübte legen Sie noch Gabel und Löffel auf. Doch bitte meiden Sie Messer: Nach östlicher Ansicht schneiden sie den Faden der Harmonie entzwei.

Lammgeschnetzeltes

Mit Senf als kulinarischem Talisman

Für 4 Personen (Rezeptfoto siehe unten)

3 EL weiße oder braune Senfkörner * 700 g Lammkeule (ohne Knochen)

2 Schalotten * 1 Knoblauchzehe * 4 EL Erdnussöl

200 g Crème fraîche * 3 EL Zitronensaft * Salz

1. Zur Vorbereitung die Senfkörner 3 Stunden in lauwarmem Wasser einweichen. Abgießen und in die Keimbox geben oder in den Balkonkasten säen. In der Keimbox nach Gebrauchsanweisung zu Sprossen mit Blättchen ziehen. Im Balkonkasten etwa 8 Tage wachsen lassen, bis die jungen Keimblättchen etwa 5 Zentimeter hoch sind. Dabei täglich gießen.

2. Für die Zubereitung die Sprossen mit Blättchen aus der Keimbox abspülen und trocknen. Die Keimlinge aus dem Balkonkasten über der Erde abschneiden, eventuell kurz waschen und trocknen.

3. Das Fleisch von Fett und Sehnen befreien und in Streifen schneiden. Die Schalotten und den Knoblauch abziehen und fein hacken.

4. Das Fleisch portionsweise im heißem Öl bei starker Hitze unter Wenden anbraten, bis es eine braune Kruste hat. Herausnehmen und auf einem Teller warm stellen. Die Schalotte und den Knoblauch bei schwacher Hitze im Bratöl glasig braten.

5. Das Fleisch zugeben, Senfsprossen, Crème fraîche und Zitronensaft untermischen. Einmal kräftig aufkochen, mit Salz abschmecken und sofort servieren.

Senf hat es in sich – nicht nur der Schärfe wegen. Im alten Indien dienten Senfkörner der weißen Magie als Schutz gegen negative Energie unfreundlicher Geister. Grüne Senfsprossen galten als Glücksbringer – schließlich trägt die Farbe Grün Leben und Hoffnung in sich.

Lamm im Rosmarinduft

Nimmt den Stress des Tages

Für 6 Personen (Rezeptfoto siehe unten)

1 kleine unbehandelte Zitrone, gewaschen * 2 Knoblauchzehen * 1 großes Bund Rosmarin

1/2 l trockener Weißwein * 6 EL Olivenöl * 1 Lammschulter ohne Knochen (ca. 1 kg)

Salz * frisch gemahlener schwarzer Pfeffer * 200 g Schalotten, abgezogen und halbiert

3 Flaschentomaten oder runde Tomaten, überbrüht, abgezogen und halbiert

Ins Grillfeuer gelegt geben Rosmarinzweige ihr Aroma an Fleisch und Fisch, in der Duftlampe nimmt Rosmarinöl die Erschöpfung nach einem langen Tag und schenkt kreative Freude.

1. Die Hälfte der Zitronenschale dünn abschälen und fein hacken; Saft auspressen. Knoblauchzehen abziehen und zerdrücken. Den Rosmarin fein hacken. Alle diese Zutaten mit Wein und 4 Esslöffeln Öl verrühren. Die Lammschulter in eine Schüssel (kein Metall!) geben und die Marinade darüber gießen. Im Kühlschrank 24 Stunden ziehen lassen.

2. Das Fleisch herausnehmen, trockentupfen, salzen und pfeffern. In einen Bräter legen und mit dem restlichen Olivenöl bestreichen. Das Fleisch zugedeckt in den kalten Backofen auf die untere Schiene schieben und bei 200 °C (Umluft 180 °C, Gas Stufe 3–4) 20 Minuten braten. Den Ofen auf 160 °C (Umluft 140 °C, Gas Stufe 1–2) zurückschalten.

3. Schalotten, Tomaten und etwa die Hälfte der Marinade zum Fleisch geben. Die Lammschulter 1 Stunde schmoren; dabei die restliche Marinade zugießen, das Fleisch nach 30 Minuten wenden und einige Male mit der Schmorflüssigkeit begießen.

4. Die Temperatur auf starke Oberhitze schalten und das Fleisch in 5 bis 10 Minuten leicht bräunen.

Lämmleinspieße

Schaffen Frieden und Eintracht

Für 4 Personen

400 g Lammkeule ohne Knochen * 1 Limette * 1 Knoblauchzehe

1 Bund Koriandergrün * 1 TL Senfpulver * 1/2 TL Ingwerpulver

Cayennepfeffer * 1 EL Reisessig * 1 EL helle Sojasauce

3 EL Erdnussöl * 2 milde grüne Peperoni

12 entsteinte getrocknete Pflaumen * Salz * 5–6 EL Kalbsfond (Glas)

1. Das Fleisch von Fett und Sehnen befreien und in möglichst gleich große Stücke schneiden. Die Limette waschen und abtrocknen. Ein 5 Zentimeter langes Stück Schale dünn abschälen und fein zerkleinern. Oder die Schale mit einem Zestenreißer abziehen. Den Limettensaft auspressen. Den Knoblauch abziehen und fein hacken. Das Koriandergrün waschen, trockentupfen und grob zerschneiden.

2. Für die Marinade die Schale und den Saft der Limette, Koriandergrün, Knoblauch, Senf- und Ingwerpulver, Cayennepfeffer, Reisessig und Sojasauce mit 2 Esslöffeln Öl verrühren.

3. Das Lammfleisch mit der Marinade mischen und zugedeckt 1 Stunde kühl stellen.

4. Die Peperoni waschen, abtrocknen und achteln. Die Trennwände und die Kerne entfernen. Die Schoten in Stücke schneiden.

5. Die Fleischwürfel aus der Marinade nehmen und trockentupfen. Mit den Pflaumen und den Peperonistücken auf vier Spießchen verteilen. Die Spießchen leicht salzen und im restlichen heißen Öl bei starker Hitze rundherum anbraten. Bei mittlerer Hitze weitere 5 Minuten braten, dabei mehrmals wenden. Herausnehmen und auf vorgewärmten Tellern warm halten.

6. Für die Sauce die Marinade durch ein feines Sieb in die Pfanne gießen. Den Kalbsfond zufügen. Den Bratenfond in der Pfanne lösen, eventuell etwas einkochen. Die Sauce über den Spießchen verteilen.

Lämmer schenken uns gutes Fleisch, das wir ohne schlechtes Gewissen genießen dürfen – falls wir überhaupt Fleisch essen wollen. Denn die sanften Tiere grasen im Freien und müssen nicht in Massentierhaltung leben.

Theas geheimer Tipp

Nehmen Sie unbedingt Erdnussöl für die Spieße - nicht nur des feinen Aromas wegen. Als Hülsenfrüchte gehören Erdnüsse zu den wichtigen Symbolpflanzen der Hexenküche: Wie das werdende Leben im mütterlichen Schoß ruhen die Samen in der Schote. Deshalb stehen die Nüsse für Fruchtbarkeit und innere Ruhe.

Kräuterhexenwähe

Führt zur Fülle des Lebens

Für 12 Stücke (Rezeptfoto siehe rechts)

Teig: 125 g Butter oder Pflanzenmargarine * 200 g Mehl * Salz * geriebene Muskatnuss

Belag: 2–3 Bund (100 g) gemischte Kräuter

(Estragon, Thymian, Rosmarin, Salbei, Basilikum und Petersilie)

1 Hand voll frische Weinblätter oder 6 eingelegte Weinblätter

2 Lauchzwiebeln * 2 Knoblauchzehen * 1 TL Olivenöl * 3 Eier

2 Eigelbe * 150 g saure Sahne * 1/8 l Milch * Salz * Cayennepfeffer

Zur Wähe passt ein echter Hexenwein: Ein Waldmeistersträußchen von knapp 3 Gramm kalt abspülen, die Blüten abzupfen und das Kraut in ein Glasgefäß legen. Mit 1 1/2 Liter lieblichem Wein übergießen und 20 Minuten ziehen lassen. Den Waldmeister herausnehmen und den aromatisierten Wein mit perlendem Mineralwasser oder einem Fläschchen Sekt aufgießen.

1. Das Fett in kleine Stücke schneiden. Mit Mehl, Salz, Muskat und 3 bis 4 Esslöffeln kaltem Wasser zu einem glatten Mürbeteig kneten. Falls der Teig zu trocken ist, noch tropfenweise Wasser untermischen. Zu feuchten Teig auf der leicht mit Mehl bestreuten Arbeitsfläche noch einmal durchkneten.

2. Eine Springform mit dem Teig auskleiden, dabei rundherum einen etwa 3 Zentimeter hohen Rand formen. Den Teigboden etwa 1 Stunde kühl stellen.

3. Die Kräuterblättchen abzupfen, waschen, trockenschwenken und fein hacken. Die Weinblätter kalt abspülen, trockenschwenken und fein zerkleinern. Die Lauchzwiebeln putzen, waschen und mit allen saftigen grünen Blättern in dünne Ringe schneiden. Den Knoblauch abziehen und zerdrücken.

4. Das Öl in einer Pfanne erhitzen. Die Lauchzwiebeln und den Knoblauch darin glasig werden lassen. Die Kräuter und die Weinblätter unterrühren und kurz erhitzen.

5. Die Kräutermischung in eine Schüssel geben. Eier, Eigelbe, saure Sahne und Milch zufügen und verrühren. Mit Salz und Cayennepfeffer kräftig würzen.

6. Die Kräutermasse auf dem Teig verteilen. Die Wähe in den kalten Backofen auf die mittlere Schiene stellen und bei 200 °C (Umluft 180 °C, Gas Stufe 3–4) etwa 45 Minuten backen, bis sie schön gebräunt ist.

Theas geheimer Tipp

Weinblätter gehören in die Wähe einer Kräuterhexe, weil sie Dionysos, den Gott der Ekstase und der ständigen Erneuerung alles Lebendigen ehren. Er war vor allem den Frauen heilig, die den wilden Mann der Lust mit zügellosen Riten feierten. So setzten sie der gezähmten Frau das ungebändigte Mädchen entgegen, das in uns allen schlummert und immer wieder geweckt werden muss.

Salbei-Trostbrötchen

Helfen gegen Seelenschmerz

Für 10 Brötchen (Rezeptfoto siehe rechts)

1 Bund Salbei * 3 EL kaltgepresstes Olivenöl

500 g Weizenmehl (Type 1050) * 1/2 EL Salz

10 g frische Hefe * Mehl zum Kneten * Fett für das Blech

»Warum sollte ein Mensch leiden, in dessen Garten der Salbei wächst«, fragten die Ärzte der Antike. Und so gaben sie dem wundertätigen Kraut mit dem Duft nach Weihrauch den Namen »salvia« vom lateinischen Wort salvare für heilen.

1. Den Salbei waschen, trocknen, die Blättchen abzupfen und grob zerkleinern. In einem kleinen Pfännchen 1 Esslöffel Öl erhitzen. Den Salbei darin bei schwacher Hitze braten, bis er sich dunkelgrün färbt. Im Bratöl abkühlen lassen. Die Blättchen mit einer Gabel herausnehmen, auf einen Teller legen und beiseite stellen.

2. Das Mehl in eine große Schüssel geben und mit dem Salz vermischen.

3. Die Hefe in 300 Milliliter lauwarmem Wasser auflösen. Zuerst diese Mischung langsam zum Mehl geben und dabei mit den Knethaken des Handrührgeräts mischen. Danach das Bratöl vom Salbei zugeben. Weiterrühren, bis der Teig glatt ist und sich vom Schüsselrand löst.

4. Den Teig auf einer bemehlten Arbeitsfläche mit den Händen noch etwa 10 Minuten kräftig durchkneten. Zugedeckt bei Zimmertemperatur 1 bis 2 Stunden gehen lassen, bis sich sein Volumen etwa verdoppelt hat.

5. Den Teig noch einmal durchkneten und dabei die Salbeiblättchen unterkneten. Aus dem Teig 10 gleich große Brötchen formen und nebeneinander auf ein gefettetes Backblech legen.

6. Mit den Fingerkuppen kleine Vertiefungen in die Brötchen drücken. Die Brötchen mit dem restlichen Öl beträufeln und 30 Minuten gehen lassen.

7. In den kalten Backofen schieben und bei 200 °C (Umluft 180 °C, Gas Stufe 3–4) etwa 20 Minuten backen.

Theas geheimer Tipp

Essen Sie die Salbeibrötchen, wenn Sie neue Lebenskraft brauchen, wenn Wogen des Seelenschmerzes Sie zu überfluten drohen. Die Kelten schrieben Salbei gar die Kraft zu, Tote zu erwecken, und ihre Priester trugen weiße Gewänder, wenn sie die Zweige zu einem Verstorbenen trugen.

Käse-Kräuter-Luftsoufflé

Gesund durch Genuss

Für 4 Personen

50 g Butter * Salz * Zitronenpfeffer * geriebene Muskatnuss

150 g Mehl * 4 Eier * 75 g mittelalter Gouda

1 Bund Grüne-Sauce-Kräuter (Borretsch, Dill, Estragon, Kerbel, Kresse, Liebstöckel, Petersilie, Pimpinelle, Schnittlauch, Zitronenmelisse)

1/2 TL Backpulver * Fett für die Form

1. In einem Topf 1/4 Liter Wasser mit Butter, Salz, Zitronenpfeffer und Muskatnuss aufkochen, bis die Butter geschmolzen ist. Das Mehl auf einmal hineinschütten und rühren, bis sich der Teig zu einem Kloß ballt und sich am Boden des Topfes eine weißliche Schicht bildet. Den Teig in eine Rührschüssel geben, das erste Ei mit den Knethaken des Handrührgeräts unterrühren. Den Teig abkühlen lassen.

2. Den Käse fein reiben. Die Kräuter waschen, gut trocknen und sehr fein zerkleinern. Nacheinander ein Drittel der Käsemenge, die restlichen Eier, das Backpulver und die Kräuter unter den Teig rühren.

3. Eine hohe ofenfeste Form fetten und mit dem zweiten Drittel des Käses ausstreuen. Den Teig einfüllen und mit dem restlichen Käse bestreuen.

4. Das Soufflé in den kalten Backofen auf die untere Schiene stellen und bei 180° C (Umluft 160 °C, Gas Stufe 2–3) etwa 45 Minuten backen, bis es gut aufgegangen, eingerissen und schön braun ist.

Küchenhexen mit Kräuterwissen lieben diesen Klassiker, weil er unsere Sinne weckt und den Geist auf Wanderschaft schickt: Estragon schenkt die Energie, die uns vor Trägheit schützt, Dill bewahrt uns vor Hektik, Borretsch verscheucht trübe Gedanken, Kerbel, Kresse und Petersilie regen unser Denken an, Zitronenmelisse lässt uns freier atmen, Liebstöckel, Pimpinelle und Schnittlauch stärken unsere inneren Organe.

Erdbeertörtchen

Die süße Lust der Kindheit

Für 6 Törtchen (Rezeptfoto siehe unten)
200 g Mascarpone * 1–2 EL Zucker * 1 TL Zitronensaft
100 g Pfirsichjoghurt * 100 g Sahne * 300 g Erdbeeren
1 EL Puderzucker * 2 Blättchen Basilikum
6 fertig gekaufte Obsttörtchenböden * 3 EL Himbeer-Dessertsauce
6 Blüten bzw. Dolden von Gänseblümchen, Lavendel oder Kapuzinerkresse

Süßes lässt unsere Phantasie fröhliche Purzelbäume schlagen. Denn es erinnert uns an die Lieblingsgerichte unserer Kinderzeit. Denken Sie keinesfalls an Sünde, wenn Sie sich Leckereien gönnen. Genießen Sie die süße Lust lieber mit tiefer Freude. Dann sind Sie gesättigt und gönnen sich gewiss auch nie zu viel davon.

1. Den Mascarpone mit dem Zucker, dem Zitronensaft und dem Pfirsichjoghurt glatt rühren. Die Sahne steif schlagen und unterziehen.

2. Die Erdbeeren waschen und abzupfen. 6 schöne, große Früchte zum Verzieren beiseite legen. Die restlichen Beeren mit dem Puderzucker fein zerdrücken. Das Basilikum sehr fein zerkleinern und untermischen.

3. Die Obsttörtchenböden zuerst mit dem Erdbeerpüree, dann mit der Creme füllen. Die Törtchen auf Portionsteller setzen, die Dessertsauce auf die Creme träufeln und eventuell mit einem Zahnstocher ein Muster ziehen.

4. Die Erdbeertörtchen mit den zurückbehaltenen Erdbeeren belegen, mit den Blüten verzieren und sofort servieren.

Sommerliche Flockentorte

Sahniger Schmelz trifft fruchtige Süße

Für 12 Stücke

Teig: 60 g Butter * 1 Prise Salz * 150 g Mehl * 4 Eier

1 TL Backpulver * Fett und Mehl für die Form

Füllung: 200 g Kirschen * 200 g Erdbeeren * 2 reife Aprikosen

1 reife Nektarine * 500 g Sahne * 100 g Puderzucker

1 Messerspitze gemahlene Vanille * 1 Päckchen Sahnesteif

Zum Verzieren: 12 schöne Blättchen Zitronenmelisse

12 schöne Borretschblüten * 2 EL Schokoladenstreusel

1. Für den Teig 1/4 Liter Wasser mit Butter und Salz in einem Topf aufkochen und kochen lassen, bis die Butter geschmolzen ist. Das Mehl auf einmal hineinschütten und unterrühren. Bei schwächster Hitze so lange weiterrühren, bis sich der Teig zu einem Kloß zusammenballt und sich am Boden des Topfes eine weißliche Schicht bildet.

2. Den Teig in eine Rührschüssel geben. Ein Ei mit den Knethaken des Handrührgeräts unter den heißen Teig rühren. Den Teig abkühlen lassen, bis er nur noch lauwarm ist. Dann die restlichen Eier und mit dem letzten Ei das Backpulver unterrühren.

3. Den Boden einer Springform fetten und mit Mehl bestäuben. Ein Drittel des Teigs darauf streichen. Den Tortenboden in den kalten Backofen auf die mittlere Schiene schieben und bei 180 °C (Umluft 160 °C, Gas Stufe 2–3) etwa 20 Minuten backen.

4. Tortenboden herausnehmen, sofort vom Springformboden lösen und zum Abkühlen auf ein Kuchengitter legen. Den Springformboden erneut fetten und mehlen und aus dem restlichen Teig in jeweils 10 Minuten zwei weitere Böden backen.

5. Die Kirschen und die Erdbeeren waschen und abzupfen. Die Kirschen entsteinen. Die Aprikosen mit kochendem Wasser übergießen, abziehen und in Würfel schneiden. Dabei den Stein entfernen. Die Nektarine waschen, ebenfalls in Stücke schneiden und entsteinen.

6. Die Sahne halb steif schlagen. Puderzucker mit Vanille und Sahnesteif gemischt langsam zugeben und weiterschlagen, bis die Sahne ganz steif ist. Ein Drittel davon zum Verzieren abnehmen. Den Rest der Sahne locker mit dem Obst vermischen.

7. Alle Böden mit Obstsahne bestreichen; aufeinander setzen. Mit der restlichen Sahne zwölf Rosetten auf die Torte spritzen. In jede Rosette 1 Blatt Zitronenmelisse und 1 Borretschblüte stecken. Die Torte mit Schokoladenstreuseln bestreuen und servieren.

Theas geheimer Tipp

Am 3. Juli feiern wir das Fest von Ceridwen, der Zauberin, deren magische Getränke aus den Früchten des Sommers und den Kräutern gewitterschwüler Nächte uns noch mehr Inspiration verleihen.

Lassen Sie Ihr Kunstwerk nicht lange stehen – gleich auf den Tisch damit, dann schmeckt dieser Traum aus zartem Brandteig, köstlichem Sommerobst und duftiger Schlagsahne am besten. Der Blütenschmuck ist essbar; er schafft die Harmonie zwischen Sehen und Schmecken.

Liebeszauber aus der Küche

hat sehr viel mit Küchenmagie zu tun. Denn bis jetzt konnte noch niemand wirklich erklären, weshalb viele Lebensmittel so wirken, wie sie wirken. Unsere Phantasie spielt dabei eine große Rolle, und das war schon immer so: Spargel gilt seit jeher als gutes Essen für Verliebte. Und der Glaube, dass Fenchel die Kampfeslust fördert, reicht sogar bis in die Antike zurück: Bei den Mysterienspielen für Männer und Frauen hat man Fenchel zu duftenden Kränzen geflochten. Spielen Sie diese alten Spiele weiter – je wohler Sie sich beim Essen mit Ihrem Liebsten fühlen, desto schöner ist auch das Drumherum. Liebevolle Küchenhexen schenken auch allen anderen Menschen, die Sie lieben, ein schönes Essen: der besten Freundin, der Mutter oder der Lieblingskollegin. Und natürlich lässt diese Glitzerküche auch die ganz großen Familientreffen funkeln.

Sommersonnensalat

Mit dem Liebesorakel Gänseblümchen

Für 2 Personen (Rezeptfoto siehe rechts)

1/4 Kopfsalat, Frisée oder Romana * 1/2 Bund Rauke
1/4 Salatgurke * 1 große Fleischtomate * 1 EL Kürbiskerne
1 TL Kapern * 2 EL Himbeeressig * 1 EL süßer Sherry * Salz
frisch gemahlener schwarzer Pfeffer * 1 TL Kräutersenf
6 EL kaltgepresstes Olivenöl * 1 Hand voll Blüten von Gänseblümchen

Für Ovid, den Dichter der Liebe, waren Gänseblümchen neben Myrte und Rosen die Blumen der Venus, denn sie blühen im Frühling, zur Jahreszeit der Liebesgöttin. Mit dieser schönsten aller Göttinnen verbindet sich auch der Beziehungstest für Verliebte: »Er/sie liebt mich, liebt mich nicht …«

1. Salatblätter putzen, waschen, trockenschwenken und in mundgerechte Stücke teilen. Die Rauke waschen und trockenschwenken. Salatgurke schälen und in Scheiben hobeln, die Tomate würfeln, dabei den Stielansatz entfernen.

2. Alle diese Zutaten, Kürbiskerne und Kapern in eine Schüssel geben und locker mischen.

3. Für die Sauce Essig mit Sherry, Salz, Pfeffer und Kräutersenf verrühren. Das Olivenöl mit einem Schneebesen unterruhren.

4. Die Sauce über den Salat gießen und alles mischen. Die Salatportionen mit den gewaschenen Gänseblümchen garnieren.

Theas geheimer Tipp

Magisch zieht er uns Hexen an, der Holunder mit seinem süß-verführerischen Duft. Packen Sie den Picknickkorb und suchen Sie sich beim Spaziergang mit Ihrem Liebsten einen blühenden Holunderstrauch. Darunter breiten Sie eine kuschelige Decke aus und öffnen ein Fläschchen Sekt. So erreichen Sie bestimmt das Land Ihrer beider Sehnsucht. Übrigens: Gezähmt in der Blumenvase verlieren die weißen Blütensternchen des Holunders ihren Zauber.

Insalata dell' amore

Löst Partnerprobleme

Für 2 Personen

1/4 Kopf grüner Salat * 2 Blätter Römersalat * 4 Kirschtomaten
1 EL Balsamessig * 1 TL Himbeeressig * 1/2 TL körniger Senf
Salz * frisch gemahlener schwarzer Pfeffer * 4 EL Olivenöl
1 Zweig Rosmarin * 1/2 Scheibe Toastbrot * 1 EL Pinienkerne
100 g junger weicher Ziegenkäse

Bräute trugen früher einen Rosmarinkranz, verliebte Männer verehrten ihrem Mädchen ein Sträußchen aus Rosmarinzweigen. Denn das Kraut des Südens galt wegen seines starken Aromas auch als starkes Band für Liebe, Lust und Treue.

1. Den Salat waschen und trockenschwenken. Kopfsalat zerpflücken, Römersalat in feine Streifen schneiden. Kirschtomaten waschen und halbieren. Alles in einer großen Schüssel mischen.

2. Für das Dressing die beiden Essigsorten mit Senf, Salz, Pfeffer und 2 Esslöffeln Öl verrühren. Die Salatzutaten in der Schüssel locker damit mischen und auf Portionsteller geben.

3. Rosmarin waschen und trocknen, die Blättchen abzupfen. Toastbrot in sehr kleine Würfel schneiden. Beide Zutaten und die Pinienkerne im restlichen Öl bei schwacher bis mittlerer Hitze unter Rühren braten, bis das Brot knusprig ist. Über dem Salat verteilen.

4. Die Pfanne von der Kochstelle nehmen. Den Ziegenkäse in etwa 1 Zentimeter dicke Scheiben schneiden und in die mäßig heiße Pfanne mit dem verbliebenen Bratöl legen.

5. Die Pfanne wieder auf die Kochstelle setzen und den Käse bei schwacher Hitze gerade so warm werden lassen, dass er noch nicht zerfließt. Die Scheiben auf dem Salat anrichten und mit etwas grobem Pfeffer aus der Mühle bestreuen. Sofort servieren

Theas geheimer Tipp

Brauchen Sie Kraft für ein wichtiges Gespräch mit Ihrem Liebsten? Bereiten Sie diesen Salat – nur mit einem weichen, duftigen Brot als Beilage. Die aromatischen Sommerkräuter stärken das Ich, und vor allem der Weihrauchduft von Rosmarin hilft Ihnen, die Wallungen der Emotion zu fühlen und zu nutzen.

Grün-weißer Liebessalat

Bringt Schwung in die Liebe

Für 2 Personen (Rezeptfoto siehe unten)

1 kleiner weißer Rettich * 1/2 Salatgurke * 200 g Spinat
200 g grüner Spargel * 1 Bund Schnittlauch * 1 Hand voll Kerbel
1 Bund Petersilie * einige Brunnenkresseblättchen * 2 EL Sahne * Salz
frisch gemahlener Pfeffer * 1 EL Balsamessig * 3 EL Olivenöl * 2 Eier

1. Rettich und Gurke schälen und grob raspeln. Einige zarte Rettichblättchen waschen, trockentupfen und fein hacken. Spinat verlesen, mehrmals gründlich waschen und trockenschwenken.

2. Den Spargel waschen, holzige Enden abschneiden. Die Stangen schräg in dünne Scheibchen schneiden. Schnittlauch, Kerbel, Petersilie und Brunnenkresse waschen, trockentupfen und fein zerkleinern.

3. Alle diese Salatzutaten in einer Schüssel mit Sahne, Salz, frisch gemahlenem Pfeffer, Essig und 1 Esslöffel Öl mischen.

4. Das restliche Öl in einer beschichteten Pfanne erhitzen. Die Eier darin zu Spiegeleiern braten. Mit Salz und Pfeffer würzen.

5. Den Salat auf Portionsteller verteilen und die Spiegeleier darauf setzen.

Nein, es sind nicht die Spiegeleier, die neues Leben in Ihre Beziehung bringen. Es sind die aromatischen Öle aus Rettich und Frühlingskräutern, die Ihre Liebe buchstäblich »düngen«. Dazu kommt Spargel mit seinem hohen Symbolgehalt, treiben männliche Spargelpflanzen doch besonders kräftige und aromatische Stangen.

Liebespfeilsuppe

Setzt erotische Highlights

Für 2 Personen

500 g Tomaten * 1 Schalotte * 1 kleines Bund Suppengrün

1 großes Bund Petersilie * 2 EL Öl * 150 ml Gemüsefond (Glas)

50 g Crème fraîche * Salz * frisch gemahlener weißer Pfeffer * 1 Prise Zucker

Liebesmächtige Zutaten muss sie enthalten, die Suppe für den ersten Abend zu zweit: Tomaten als Liebesäpfel, Petersilie und Sellerie im Suppengrün als wichtige Potenzmittel, Crème fraîche für die sahnige Sanftheit der neuen Beziehung. Wenn das alles nicht wirkt, haben Sie sich vermutlich in den Falschen verguckt.

1. Die Tomaten überbrühen, abziehen und halbieren, die Stielansätze herausschneiden. Die Schalotte schälen und sehr fein hacken. Das Suppengrün und die Petersilie waschen. Das Suppengrün grob zerkleinern. Die Petersilienstiele und etwa zwei Drittel der Blättchen ebenfalls grob hacken. Den Rest der Blättchen zum Besteuen der Suppe beiseite legen.

2. Das Öl erhitzen. Die Schalotte darin glasig braten. Tomaten, Suppengrün und die zerkleinerte Petersilie zugeben und unter Rühren etwa 2 Minuten schmoren.

3. Den Gemüsefond zugießen, einmal aufkochen und die Suppe zugedeckt bei schwacher Hitze 40 Minuten sanft kochen. Die Suppe währenddessen gelegentlich umrühren.

4. Die Petersilienblättchen fein hacken. Die Suppe mit einem Mixstab pürieren oder durch ein Sieb streichen. Mit der Crème fraîche wieder in den Topf geben und unter Rühren langsam erhitzen. Mit Salz, Pfeffer und Zucker abschmecken und auf vorgewärmte Teller verteilen. Mit der Petersilie bestreut servieren.

Chinasuppe »Suan Tang«

Leichtes für die Lust

Für 2 Personen (Rezeptfoto siehe links)

200 g Rumpsteak * 1 junge Möhre * 2 Lauchzwiebeln

100 g Fenchel * 30 g Glasnudeln * 3/8 l Fleischbrühe oder Rinderfond (Glas)

1–2 EL helle Sojasauce * 1 EL trockener Sherry

Salz * frisch gemahlener Pfeffer * Ingwerpulver

1. Das Rumpsteak trockentupfen und in feine Streifen schneiden. Die Möhren schälen und in feine Stifte, die geputzten Lauchzwiebeln in dünne Ringe schneiden. Dabei das saftige Zwiebelgrün mitverwenden.

2. Fenchel waschen und trockentupfen. Das Fenchelgrün abschneiden, fein zerkleinern und zum Bestreuen der Suppe auf einem Teller beiseite stellen. Die Fenchelknollen der Länge nach vierteln. Den Strunk entfernen, die Viertel quer zu den Fasern in feine Streifen schneiden.

3. Die Glasnudeln mit kochendem Wasser übergießen und kurz darin ziehen lassen, bis sie weich sind. Im Wasser mit einer Küchenschere zerkleinern und in einem Sieb abgießen.

4. Die Brühe mit der Sojasauce zum Kochen bringen. Gemüse zugeben, erneut aufkochen und 3 Minuten bei mittlerer Hitze garen.

5. Das Fleisch zugeben und noch einmal kräftig aufkochen. Die Nudeln zufügen und nur erhitzen. Die Suppe mit dem Sherry, wenig Salz, Pfeffer und Ingwerpulver abschmecken und mit dem fein gehackten Fenchelgrün bestreuen.

In Asien hat man sich immer ganz unbekümmert für die Liebeslust begeistert – kleine Statuetten verliebter Paare, geschnitten aus Elfenbein oder Jade, freizügige Gedichte und Romane zeugen davon. Und die traditionelle Chinaküche kennt eine Menge Rezepte, die Liebesfreuden schenken.

Theas geheimer Tipp

Für das erotische Asienwochenende sollten Sie sich einen bequemen Kimono besorgen – er kommt den koketten Gewändern kaiserlicher Favoritinnen aus dem alten China noch am nächsten. Vielleicht liebt Ihr Partner die weite Bursa der Nordafrikaner. Machen Sie ihm die Freude, denn Wohlfühlen zu zweit ist oberstes Gebot beim Spass in der Liebe. Exotisch darf auch der Tischschmuck sein: zum Beispiel Orchideenblüten und Kirschzweige in einer eleganten Vase oder eine schwarze Schale mit roten Früchten.

Spargelpäckchen
Wickeln die Liebe aus

Für 2 Personen (Rezeptfoto siehe rechts)

200 g grüner Spargel * Salz * 1 Prise Zucker * 3 EL Balsamessig
1 EL Zitronensaft * 1/2 TL abgeriebene Zitronenschale
1/4 TL frisch gemahlener schwarzer Pfeffer * 3 EL Olivenöl
4 dicke lange Schnittlauchhalme * 2 große oder 4 kleine Scheiben Räucherlachs

Egal ob grüner oder weißer Spargel – die Wirkung ist bezaubernd. Grüner Spargel nimmt allerdings den Stress, wenn Sie Ihren Liebsten zum ersten Mal groß bekochen: Erstens macht er weniger Arbeit beim Vorbereiten, zweitens ist er schneller gar, und drittens enthält er mehr nervenstärkendes Magnesium als weiße Stangen.

1. Den Spargel waschen, die unteren holzigen Enden abschneiden. In einem weiten Topf reichlich Wasser mit 1 Teelöffel Salz und dem Zucker aufkochen.

2. Den Spargel zugeben, erneut aufkochen und zugedeckt bei mittlerer bis schwacher Hitze in etwa 6 Minuten gerade eben bissfest kochen. Vorsichtig herausnehmen und auf eine tiefe Platte legen.

3. Balsamessig, Zitronensaft und -schale, Salz, Pfeffer, 1/2 Schöpfkelle Spargelwasser und das Öl vermischen und über den Spargel geben. Zugedeckt bei Zimmertemperatur 2 Stunden ziehen lassen.

4. Die Schnittlauchhalme etwa 1 Sekunde in kochendes Wasser tauchen, damit sie geschmeidig werden.

5. Die Halme wie Bindfäden auf zwei Portionsteller legen. Die Räucherlachsscheiben darauf ausbreiten. Den Spargel in zwei Portionen teilen und auf den Lachs legen.

6. Den Lachs aufrollen. Die Schnittlauchhalme um die Päckchen legen und vorsichtig zum Knoten schlingen.

Dazu passt: Baguette

Theas geheimer Tipp

Spargel hat als Potenzmittel bekanntlich einen Ruf wie Donnerhall. Doch verlassen Sie sich nicht nur auf die Wirkung der frühlingsfrischen Stangen. Mindestens genauso wichtig ist die Atmosphäre, die Sie beim Essen zu zweit schaffen. Servieren Sie vorab ein Gläschen Sekt oder Champagner – das prickelt wunderbar, nimmt negative Anspannung, ohne dass die positive Spannung verpufft. Zu den Spargelpäckchen gibt es nur ganz leichten Wein, schließlich tötet zu viel Alkohol die Liebe. Und als Abschluss des Mahls reichen Sie frisches Obst – das kann man so schön gemeinsam teilen und naschen. Erst später, wenn Sie beide richtig Hunger verspüren, holen Sie vorbereitete Canapées.

DIE HERZLINIE

Spargel »Kamasutra«
Fürs Menü danach

Für 2 Personen (Rezeptfoto siehe rechts)

3 Eier * 1 Bund Grüne-Sauce-Kräuter (Borretsch, Dill, Estragon, Kerbel, Kresse, Liebstöckel, Petersilie, Pimpinelle, Schnittlauch, Zitronenmelisse)
2 Schalotten * 30 g Pecorino * 75 g Remouladensauce (Tube oder Glas)
1 TL mittelscharfer Senf * 3 EL Zitronensaft * Salz
frisch gemahlener Pfeffer * 1 kg dicke violette Spargelstangen * 1 Prise Zucker

Das Gratin können Sie gut vorbereiten: Eier kochen und die Sauce mit den restlichen Zutaten verrühren. Spargel putzen, vorgaren und in die Form legen. Mit der Sauce übergießen und zugedeckt kühl stellen. Wenn die Zeit zum Essen gekommen ist, den Ofen vorheizen, den Käse reiben und den Tisch decken. Und während das Gratin backt, seine Düfte Ihrer beider Nasen umschmeicheln, kuscheln Sie noch ein bisschen.

1. 2 Eier in 10 Minuten hart kochen. Kalt abschrecken, schälen und hacken. Die Kräuter waschen, trocknen, sehr harte Stiele entfernen, den Rest fein hacken. Die Schalotten abziehen und fein zerkleinern. Den Pecorino reiben.

2. Alle diese Zutaten mit dem verbliebenen rohen Ei, der Remouladensauce, Senf, Zitronensaft, Salz und Pfeffer verrühren.

3. Den Backofen auf 200 °C (Umluft 180 °C, Gas Stufe 3–4) vorheizen. Die Spargelstangen waschen, schälen und die holzigen Enden abschneiden. Reichlich Wasser mit Salz und Zucker zum Kochen bringen. Den Spargel darin etwa 2 Minuten garen.

4. Die Stangen herausnehmen und in eine Gratinform geben. Die Kräutersauce mit 6 Esslöffeln heißem Spargelsud verrühren, über die Spargelstangen geben und alles mit dem Pecorino bestreuen.

5. Das Gratin in den heißen Backofen auf die mittlere Schiene stellen und etwa 15 Minuten überbacken.

Theas geheimer Tipp

Liebe geht durch den Magen, haben unsere Mütter uns eingeschärft und dabei leider einen wesentlichen Teil der Erotik übersehen: Wir Küchenhexen denken nicht immer gleich ans Essen, wenn der Liebste seinen Besuch ankündigt oder gar schon über unsere Schwelle tritt. Schließlich gibt es die wichtigsten und die zweitwichtigsten Dinge im Leben. Für solche Fälle haben wir »das Essen danach« eingeplant und einen leichten, doch kräftigen Imbiss vorbereitet. Vergessen Sie das Fläschchen Schampus aus dem Kühlschrank nicht – das quirlige Getränk zaubert noch mehr Sternchen in Ihre Augen, passt toll zum Gratin und lässt das Blut gehörig kreisen.

Eier der Wahrheit

Für klare Sicht bei der Partnerwahl

Für 2 Personen

4 frische Eier * 2 Essiggurken * 50 g Sahne * 100 g Crème fraîche

1 EL körniger Senf * Salz * frisch gemahlener weißer Pfeffer

1 TL Zitronensaft * 4 kleine Dillzweige

1. Die Eier in etwa 5 Minuten wachsweich kochen. Abgießen, kalt abschrecken und ungeschält in zwei Küchentücher wickeln, damit sie heiß bleiben, bis die Sauce zubereitet ist.

2. Die abgetropften Essiggurken klein würfeln. Die Sahne steif schlagen.

3. Die Crème fraîche mit dem Senf und den Gurkenwürfelchen mischen. Mit Salz, Pfeffer und Zitronensaft abschmecken und auf Portionstellern verteilen.

4. Die Eier schälen, halbieren, auf die Sauce setzen und mit den Dillzweiglein garniert sofort servieren.

In der Liebe ist Senf das Kraut der Wahrheit, wie uns Shakespeare in seinem »Sommernachtstraum« lehrt: Elfchen »Senfsamen« im Gefolge der Feenkönigin Titania wird zum Diener ihres Liebhabers ernannt. Und der ist – ein Esel. Lassen Sie also die scharfwürzige Sauce entscheiden, wenn Sie sich nicht sicher sind: Entspricht »der Neue« Ihren Sehnsüchten oder ist es nur Sex, der Sie anzieht. Wird Ihr Liebesmahl ein Erfolg, hat »Er« gewonnen. Gelingt die Sauce nicht, haben Sie die Entscheidung unbewusst schon beim Kochen getroffen.

Getrüffelte Kartoffeln

Ein verliebtes Paar zu feiern

Für 6 Personen
6 große mehlige oder vorwiegend fest kochende Kartoffeln (ca. 1,2 kg)
50 g Butter * 1 Limette * 1 frische schwarze Trüffel (ca. 20 g)
250 g Sahne * 1 sehr frisches Eigelb * Salz * frisch gemahlener weißer Pfeffer

Selbst die Schalen von Trüffeln speichern die Kraft der Liebe: Deshalb diese nicht gleich wegwerfen, sondern in Kalbs- oder Gemüsefond 30 Minuten auskochen. Den Fond durchsieben und für Ihr Liebesmenü zu zweit vorbereiten: beispielsweise mit Sahne als Sauce für gebratene Täubchen dick einkochen.

1. Die Kartoffeln unter fließendem Wasser gründlich bürsten und in wenig Wasser in etwa 40 Minuten weich kochen.

2. Inzwischen die Butter in kleine Stücke schneiden und ins Tiefkühlfach stellen. Die Limette waschen und abtrocknen. Etwa 2 Teelöffel Limettenschale mit dem Zestenreißer abreißen. Die Limette zum Würzen der Sauce beiseite legen.

3. Die Trüffel unter fließendem kaltem bis lauwarmem Wasser gründlich bürsten. Gegebenenfalls Erdreste in den Vertiefungen der Schale mit einer Messerspitze vorsichtig lösen. Die Trüffel mit einem kleinen scharfen Messer schälen, die Schalen nicht wegwerfen.

4. Die Sahne in einen weiten Kochtopf gießen. 3 Esslöffel davon abnehmen und mit dem Eigelb in einer Tasse verquirlen.

5. Die Trüffelschalen zu der Sahne in den Kochtopf geben. Zum Kochen bringen und unter ständigem Rühren bei starker bis mittlerer Hitze sämig einkochen lassen. Durch ein Sieb gießen, um die Trüffelschalen zu entfernen.

6. Die Trüffelsahne wieder in den Topf geben. Bei schwacher bis mittlerer Hitze die kalten Butterflöckchen nach und nach mit den Quirlen des Handrührgeräts untermischen. Zum Schluss die Eigelbsahne unterrühren.

7. Die Sauce mit Salz, Pfeffer und einigen Spritzern Limettensaft abschmecken.

8. Die Kartoffeln abgießen, etwas ausdampfen lassen und auf sehr gut vorgewärmten Tellern anrichten. Mit einem Messer der Länge nach tief ein-, aber nicht durchschneiden. Die Kartoffeln etwas auseinander drücken und mit der Sauce begießen.

9. Die Trüffel über die Kartoffeln hobeln. Zum Schluss die Limettenschale darüber streuen. Die Kartoffeln sofort servieren.

Theas geheimer Tipp

Ihr Moschusduft macht die Edelpilze zu einer der stärksten erotischen Lebensmittel: Trüffeln eignen sich wie kein anderer Pilz, ein verliebtes Paar kulinarisch hochleben zu lassen. So sind die Kartoffeln mit dem üppigen Trüffelsößchen ein richtiger Gourmetsnack – für Verlobung oder Polterabend, um mit Freunden den Nachwuchs zu feiern oder um die Silberhochzeit mit einem fröhlichen Fest in kleiner Runde zu begehen.

Spaghetti der Venus
Verführung am Herd

Für 2 Personen (Rezeptfoto siehe unten)
1 Lauchzwiebel * 1 Knoblauchzehe * 2 EL Butter
1 Glas ausgelöstes Venusmuschelfleisch im eigenen Saft * 100 ml Fischfond (Glas)
200 g Sahne * Salz * frisch gemahlener Pfeffer * 1 EL Zitronensaft * 200 g dünne Spaghetti

1. Die Lauchzwiebel putzen, waschen und trocknen. Mit dem saftigen Grün in fingerlange Stücke schneiden. Die Stücke der Länge nach in möglichst feine Streifen schneiden. Den Knoblauch schälen und hacken.

2. Die Lauchzwiebelstreifen in der heißen Butter bei schwacher Hitze braten, bis sie gerade eben weich sind. Dabei nicht bräunen. Zwiebelstreifen herausnehmen und auf einem Teller beiseite stellen.

3. Das Muschelfleisch in ein Sieb gießen und abtropfen lassen. Den Knoblauch in der heißen Butter bei schwacher Hitze glasig braten. Fond und Sahne dazugießen, einmal aufkochen und bei starker Hitze unter Rühren dickflüssig einkochen. Mit Salz, Pfeffer und Zitronensaft abschmecken. Zum Schluss die abgetropften Muscheln untermischen und erhitzen, aber nicht aufkochen.

4. Während die Sauce einkocht, die Spaghetti in reichlich Salzwasser bissfest kochen. Abgießen, abtropfen lassen, mit der Sauce und den Muscheln mischen. Auf sehr heißen Portionstellern anrichten und mit den Lauchzwiebelstreifen belegt sofort servieren.

Venus, die Göttin der Liebe und aller schönen Frauen, wurde aus weißschäumenden Meereswogen geboren. Eine Muschelschale trug sie nach Zypern, und als sie das Land betrat, erblühten die Blumen auf ihrem Weg, der kleine Cupido mit seinen Liebespfeilen eilte herbei, der »Schaumgeborenen« zu dienen. Und die Menschen haben der Göttin, die ihnen so wunderbare Stunden schenkt, zum Dank die feinsten kleinen Muscheln nach ihr benannt.

Indischer Hochzeitsreis

Das Geschenk an die Braut

Für 6 Personen (Rezeptfoto siehe links)

750 g Lammkeule (ohne Knochen) * 2 Zwiebeln

2 Knoblauchzehen * 1 rote Peperoni

1 Stück frischer Ingwer (ca. 3 cm lang) * 1 unbehandelte Zitrone, gewaschen

400 g Basmatireis * 80 g Butterschmalz * 1 TL gemahlener Kreuzkümmel

je 1/4 TL gemahlene Muskatblüte, frisch geriebene Muskatnuss

und Kardamomkapseln * 1/2 TL schwarze Pfefferkörner * Salz

400 ml Geflügelfond (Glas) * 200 g griechischer Sahnejoghurt

2 TL Safranfäden * 1 Zimtstange * 50 g Mandelstifte

50 g Cashewnusskerne * 50 g Rosinen * 2 EL Erdnussöl

1 Bund Koriandergrün * 6 Blattgoldblättchen nach Belieben

1. Das Fleisch in etwa 2 Zentimeter große Stücke schneiden. Zwiebeln in dünne Scheiben schneiden, Knoblauch und geputzte Peperoni fein hacken. Den geschälten Ingwer reiben. Ein großes Stück Zitronenschale dünn abschälen. Den Saft auspressen. Reis in reichlich Wasser 30 Minuten einweichen.

2. In einer großen Pfanne 3 Esslöffel Butterschmalz erhitzen. Zwiebeln, Knoblauch, Peperoni und Ingwer darin bei schwacher Hitze unter Rühren braten, bis die Zwiebeln weich und leicht braun sind. Herausnehmen.

3. Etwa die Hälfte des verbliebenen Butterschmalzes zum Bratfett geben und erhitzen. Alle Gewürze darin bei schwacher Hitze etwa 1 Minute rösten. Das Fleisch dazugeben und bei mittlerer bis starker Hitze unter Rühren braun anbraten.

4. Die Hälfte des Fonds untermischen und bei starker Hitze etwas einkochen lassen. Joghurt, Zitronenschale und -saft zugeben. Alles mischen und bei starker Hitze kochen, bis die Sauce sehr dick ist. Zugedeckt bei schwacher Hitze 20 Minuten schmoren.

5. Safran mit 3 Esslöffeln heißem Wasser verrühren und ziehen lassen, bis der Reis gar ist. Backofen auf 200 °C (Umluft 180 °C, Gas Stufe 3–4) vorheizen.

6. Den Reis mit dem Einweichwasser aufkochen, dabei ab und zu umrühren und zugedeckt bei schwächster Hitze 10 Minuten garen. In einem Sieb abtropfen lassen. Den Safran untermischen.

7. Einen Bräter mit dem restlichen Butterschmalz ausstreichen. Die halbe Menge Reis einfüllen, die Zwiebel-Knoblauch-Mischung und das Fleisch mit der Schmorflüssigkeit darauf verteilen. Die Zimtstange darauf legen und den restlichen Reis auf das Fleisch geben. Den Rest des Geflügelfonds an den Seiten zugießen.

8. Den Hochzeitsreis in den heißen Ofen auf die untere Schiene stellen und zugedeckt 20 Minuten schmoren.

9. Mandeln, Nüsse und Rosinen im heißen Öl bei mittlerer Hitze unter Rühren etwa 1 Minute braten, bis die Mandeln und die Nüsse leicht gebräunt sind. Alles herausnehmen und beiseite stellen.

10. Den Hochzeitsreis kegelförmig auf eine vorgewärmte Platte häufen, mit den Mandeln, den Nüssen und den Rosinen bestreuen. Den Koriander waschen und trockenschütteln, die Blättchen grob zerkleinern und darüber streuen. Eventuell mit Blattgold garnieren (siehe Seite 62).

Die glücklichsten Paare, so heißt es, feiern die kleinsten Hochzeiten – weil viele Menschen die Zweisamkeit nur stören. Wenn Ihre Freundin Sie als Trauzeugin lädt, schenken Sie ihr das Hochzeitsmahl der Fürsten und Prinzen aus dem Norden Indiens. Duftenden Basmatireis für die Fülle der Liebe bekommen Sie in Asienläden, Blattgold für Glück und Reichtum gibt es in Fachgeschäften für Künstler- und Bastelbedarf.

Kräuterzauberlachs

Liebesmahl für alle Mütter

Für 10 Personen

1 küchenfertiger Lachs (ca. 3 kg) * Saft von 2 Limetten
1/4 l Weißweinessig * je 1 EL Wacholderbeeren, Koriandersamen,
Senfkörner und weiße Pfefferkörner * 5 Bund Dill * 1 Bund Petersilie
3 frische Lorbeerblätter * 6 EL grobes Meersalz * 3 EL Zucker

Diana, die Göttin der Jagd, bei den Griechen Artemis genannt, nahm zusammen mit ihrem Zwillingsbruder Apoll grausame Rache an allen, die ihre Mutter Leto beleidigten: So erschlugen sie den Riesen Tityos, der Leto Gewalt antun wollte. Am 13. August feiern wir Hexen die starke Diana und zollen damit allen Müttern auf der ganzen Welt Liebe, Respekt und Dank.

1. Den Lachs vom Fischhändler in Filets teilen, aber nicht häuten lassen. Fisch in eine flache Porzellanform legen.

2. Die Limetten auspressen. Den Saft mit Essig und 1/2 Liter Wasser mischen und über den Lachs gießen. Den Fisch zugedeckt 8 Stunden kühl stellen. Dann abgießen und trockentupfen.

3. Wacholderbeeren und Gewürzkörner im Mörser grob zerkleinern. Dill, Petersilie und Lorbeerblätter waschen, trocknen und fein hacken. Kräuter und Gewürze mit Salz und Zucker mischen.

4. Die Fleischseiten der Lachshälften mit dieser Mischung bestreuen. Filets mit den Hautseiten nach außen aufeinander legen und in eine flache Form geben. Mit Pergamentpapier abdecken und beschweren.

5. Den Lachs mindestens 24 Stunden beizen. Dabei drei- bis viermal mit der Flüssigkeit begießen, die sich beim Beizen bildet.

6. Die Würzmischung vom Lachs streifen. Die Filets mit der Hautseite nach unten auf ein Brett legen und mit einem scharfen Messer in dünnen Scheiben schräg von der Haut schneiden.

Theas geheimer Tipp

Laden Sie abends zum Fest, decken Sie im Freien, und lassen Sie die Ehrennacht für alle Mütter kräftig leuchten: mit schönen Windlichtern, Lampiongirlanden über dem Büfett, elektrischen Lichterketten in Bäumen und Sträuchern. Wenn Sie auf Ihrem Balkon feiern, umrahmen Sie ihn mit den Lichtern wie eine Bühne. Als lange Tafel eignet sich eine ausgehängte Tür oder ein Tapeziertisch, den Sie verkleiden: zuerst mit weißen oder unifarbenen Bettlaken als Decke, dann mit farbigen Tüchern, Schals und Schmuckbändern als fröhliche Dekoration. Einen dicken Strauß aus üppigen Sommerblumen nicht vergessen!

Heiße Rotbarben

Toskana auf dem Lotterbett

Für 2 Personen (Rezeptfoto siehe unten)

Crostini: 2 große Fleischtomaten * 1 Knoblauchzehe * 1 kräftige Prise Salz

2 EL Olivenöl * 2 große Scheiben Crostini-Brot oder italienisches Landbrot

Barben: 2 küchenfertige Rotbarben (je ca. 250 g)

2 EL Zitronensaft * Salz * frisch gemahlener schwarzer Pfeffer

1 TL getrockneter Thymian * 1 EL Öl * 2 EL Butter

1. Den Backofen auf 250 °C (Umluft 220 °C, Gas Stufe 6) vorheizen. Tomaten überbrühen, abziehen und hacken. Knoblauch abziehen und zerdrücken. Tomaten, Knoblauch, Salz und Olivenöl mischen.

2. Die Brotscheiben nebeneinander auf ein Backblech legen. Tomatenpüree auf den Broten verteilen. Das Blech in den heißen Ofen auf die mittlere Schiene schieben. Brote etwa 10 Minuten backen.

3. Inzwischen die Rotbarben innen mit Zitronensaft beträufeln. Innen und außen mit Salz, frisch gemahlenem Pfeffer und Thymian würzen.

4. Öl und Butter in einer großen Pfanne erhitzen. Die Fische darin bei mittlerer Hitze pro Seite etwa 3 Minuten braten. Auf vorgewärmte Teller legen. Die Crostini heiß, direkt aus dem Ofen zu den Rotbarben servieren.

Manchmal will man zum Essen einfach im Bett bleiben. Da sind die gebratenen Fischlein mit knusprigen Crostini gerade richtig: zu zweit zu kochen, auch von Ungeübten im Nu zubereitet und nach kurzer Vorbereitung mit den Fingern zu essen. Vergessen Sie nicht, zwei Schälchen mit kaltem Wasser und Zitronenscheiben zum Reinigen der Hände bereitzustellen.

Ragout aus Wald und Flur

Für Glück und Fruchtbarkeit

Für 4 Personen
1 küchenfertiges Kaninchen (ca. 1,3 kg) * 100 g durchwachsener Räucherspeck
1 große Zwiebel * 2 Knoblauchzehen * 1 Stück frischer Ingwer (ca. 6 cm)
1 kleine unbehandelte Orange * 1 EL Öl * 1/4 l trockener Weißwein
300 g Quitten * 200 g Sahne * Salz * 1/4 TL Zimt * Cayennepfeffer

Lassen Sie sich von platten Kaninchenwitzen nicht beirren: Genau wie der Hase galt auch das Kaninchen unseren Ahninnen als heiliges Symboltier für Fruchtbarkeit. Und sein Fleisch schmeckt viel milder als das vom Meister Lampe.

1. Das Kaninchen vom Händler in acht Portionsstücke teilen lassen. Die Stücke kalt abspülen und trockentupfen. Den Speck von Schwarte und Knorpel befreien und fein würfeln.

2. Zwiebel und Knoblauch abziehen und hacken. Ingwer schälen und fein reiben. Die Orange heiß waschen, abtrocknen, etwa die Hälfte der Schale dünn abschälen und in feine Streifen schneiden. Die Orange auspressen.

3. Das Öl in einem großen Schmortopf erhitzen. Das Fleisch darin bei starker bis mittlerer Hitze unter häufigem Wenden rundherum braun anbraten.

4. Speck, Zwiebel und Knoblauch zugeben und kurz mitbraten. Ingwer, Orangensaft und Wein zugeben, den Bratfond damit lösen. Zugedeckt bei schwacher Hitze 20 Minuten schmoren.

5. Inzwischen die Quitten vierteln, schälen, waschen, vom Kerngehäuse befreien und in etwa 1 Zentimeter dicke Spalten schneiden. Mit der halben Menge Orangenschale zum Kaninchen geben und 20 bis 30 Minuten schmoren, bis Fleisch und Quitten weich sind.

6. Das Ragout mit den Quitten in eine heiße Schüssel geben und warm stellen.

7. Die Sahne nach und nach zur Schmorflüssigkeit im Bräter geben und bei starker Hitze unter Rühren dick einkochen. Die Sauce mit der restlichen Orangenschale, Salz, Zimt und 1 kräftigen Prise Cayennepfeffer abschmecken. Über das Ragout gießen.

Theas geheimer Tipp

Erneuern Sie mit Ihrem geliebten Mann den schönen alten Brauch, einen Baum zu pflanzen, wenn Ihr erstes Baby zur Welt kommt. Denn ein Baum, der Früchte trägt, dessen Krone Schutz gewährt und Schatten spendet, gilt als Symbol der Mütterlichkeit. Der aufrechte Stamm ist Sinnbild männlicher Potenz. Zur Feier dieses Festes laden Sie Ihre beiden liebsten Freunde ein und servieren dieses Kaninchenragout mit Quitten.

Orientalische Rebhühner

Für eine lange Liebe

Für 2 Personen (Rezeptfoto siehe unten)

100 g kleine Schalotten * 1 Granatapfel * 100 ml Kalbsfond (Glas)

2 küchenfertige Rebhühner (je ca. 200 g) * Salz * frisch gemahlener schwarzer Pfeffer

1 EL Öl * 1 1/2 EL Butter * 1/2 EL Zucker * 1 EL Limettensaft * 2 Stängel Petersilie

1. Den Backofen auf 180 °C (Umluft 160 °C, Gas Stufe 2–3) vorheizen. Die Schalotten abziehen. Den Granatapfel quer halbieren, die Kerne und den Saft herauskratzen und in ein Sieb geben. Den Saft auffangen und mit dem Kalbsfond mischen.

2. Die Rebhühner waschen, trockentupfen und mit Salz und Pfeffer würzen. Öl und 1/2 Esslöffel Butter in einem Bräter erhitzen. Die Hühner darin bei mittlerer Hitze pro Seite etwa 4 Minuten anbraten. Die Hälfte des Fonds zugießen. Den Bräter offen in den heißen Ofen schieben. Die Rebhühner etwa 35 Minuten braten; immer wieder mit Sud begießen.

3. Restliche Butter erhitzen. Den Zucker darin bei schwacher Hitze unter Rühren schmelzen. Limettensaft und Schalotten zugeben, 1 Minute schmoren.

4. Die restliche Fondmischung zugießen, Schalotten mit Salz und Pfeffer würzen und 10 Minuten garen. Die Granatapfelkerne untermischen und erhitzen.

5. Die Rebhühner halbieren und auf gut vorgewärmte Teller legen. Schalotten mit den Granatapfelkernen daneben anrichten. Die Petersilie waschen, trockentupfen, fein hacken und über die Rebhühner streuen.

Granatäpfel binden den Liebsten: Der Sage nach gab Hades seiner angebeteten Persephone eine Hand voll Granatapfelkerne zu essen, bevor er sich dem Machtwort des Göttervaters Zeus beugte und sie für einige Monate ihre Mutter Demeter besuchen ließ. Denn der verliebte Herrscher der Unterwelt wollte keinesfalls riskieren, dass die Schöne auf der sonnigen Erde blieb und seinem Schattenreich für immer den Rücken kehrte.

Hirsch mit Brombeeren

Für Liebesglut mit Frauenpower

Für 2 Personen (Rezeptfoto siehe rechts)

1/2 TL Wacholderbeeren * 2 Hirschmedaillons (aus dem Rückenfilet; à ca. 120 g)

1 EL Öl * 1 EL Butter * Salz * frisch gemahlener weißer Pfeffer

1 EL Johannisbeergelee * 1 TL Orangensaft

100 g Crème fraîche * 100 g Brombeeren

Lassen Sie sich in der Küche so viel Zeit wie bei der Liebe: Medaillons vom Wild muss man langsam braten, damit sie zart bleiben. Der Deckel auf der Form und das Bratfett schützen das Fleisch vor dem Austrocknen.

1. Den Backofen auf 180 °C (Umluft 160 °C, Gas Stufe 2–3) vorheizen. Die Wacholderbeeren mit einer Messerklinge möglichst fein zerdrücken.

2. In einer Pfanne Butter und Öl erhitzen. Die Hirschmedaillons darin bei mittlerer Hitze auf jeder Seite leicht braun anbraten. Herausnehmen und nebeneinander in eine flache Gratinform legen. Mit Salz und Pfeffer würzen und mit dem Bratfett aus der Pfanne beträufeln.

3. Zugedeckt in den heißen Backofen (mittlere Schiene) schieben und 15 Minuten garen.

4. In der Zwischenzeit Wacholderbeeren, Johannisbeergelee und Orangensaft in die Pfanne geben. Nach und nach die Crème fraîche zufügen und bei starker bis mittlerer Hitze unter Rühren zu einer cremigen Sauce einkochen. Dabei immer wieder umrühren.

5. Die Brombeeren verlesen, in einer Schüssel mit kaltem Wasser kurz waschen und in einem Sieb gut abtropfen lassen.Die Beeren in die Sauce geben und einige Male darin wenden, bis sie heiß sind.

6. Die Hirschmedaillons auf gut vorgewärmte Teller legen. Die Brombeeren mit der Johannisbeersauce darauf anrichten.

Dazu passt: Kartoffelnudeln oder Rösti und Salat

Theas geheimer Tipp

Wollen Sie Ihren Liebsten an sich fesseln, ihn mit Ihrer Leidenschaft bezaubern? Dann sind Hirschmedaillons mit Brombeeren genau richtig für das Mahl zu zweit. Der Hirsch als machtvolle erotische Kraft wird von süßen Beeren, Verwandten der Rose, begleitet. Ihr roter Saft symbolisiert die Liebesglut, ihre fünf Blütenblätter stehen für Ihren starken Willen, der keiner anderen Frau das Terrain überlassen wird.

Vergoldete Himbeeren

Für den Beginn einer wunderbaren Ehe

Für 6 Personen (Rezeptfoto siehe unten)

10 Blatt weiße Gelatine * 400 g Himbeeren

3/8 l schwarzer Johannisbeersaft * 1/8 l Himbeersirup

1/8 l Cassis (schwarzer Johannisbeerlikör) * 6 Blattgoldblättchen (Künstler- und Bastelbedarf)

Viele Historiker glauben, dass Dornröschen nicht von wilden Rosen, sondern von Himbeeren geschützt wurde. Denn schon die Kelten umgaben ihre Heiligtümer mit Beerenhecken, die nur Eingeweihte durchdringen konnten – genau wie nur der starke Prinz zur schlafenden Schönen vorzudringen vermochte. Alle Schwächlinge mussten in den gefährlichen Dornen ihr Leben lassen. Wenn Sie Ihren Märchenprinzen gefunden haben, bitten Sie liebe Freunde, gemeinsam mit Ihnen in eine glückliche Zukunft hineinzufeiern.

1. Die Gelatine in kaltem Wasser einweichen. Die Himbeeren gründlich verlesen, aber möglichst nicht waschen. Den Saft mit Sirup und Cassis vermischen.

2. Die Gelatine ausdrücken, in 2 Esslöffeln heißem Wasser auflösen und unter Rühren zur Saftmischung geben. Etwas von der Flüssigkeit in eine runde Savarin- oder Reisrandform (3/4 Liter Inhalt) geben und im Kühlschrank fest werden lassen.

3. Ein Drittel der Beeren auf das Gelee geben, mit Saftmischung bedecken; wieder erstarren lassen.

4. Ein weiteres Drittel Himbeeren und die restliche Saftmischung auf das Gelee geben.

5. Das Gelee mindestens 2 Stunden, besser noch über Nacht in den Kühlschrank stellen, so dass es durch und durch erstarren kann.

6. Die Form kurz in heißes Wasser tauchen und auf eine Platte stürzen. Die restlichen Himbeeren in die Mitte des Geleerings geben. Die Blattgoldblättchen in Flöckchen zerbrechen und das Gelee damit garnieren.

Luftiger Mandelzauber

Für Licht und Liebe in der Familie

Für 8 Personen

1 EL weiche Butter * 2 EL feiner Zucker * 50 g Marzipanrohmasse

1/4 l Milch * 1 TL Vanillezucker * 2 cl weißer Portwein

abgeriebene Schale von 1/2 unbehandelten Zitrone

1 Prise Salz * 50 g Mehl * 4 Eier * 50 g Puderzucker

125 g gemahlene Mandeln

1. Eine Souffléform von etwa 2 Liter Inhalt dünn und gleichmäßig mit der Butter ausstreichen und mit dem feinen Zucker ausstreuen. Die Marzipanrohmasse in kleine Stücke schneiden.

2. Milch mit Vanillezucker, Portwein, Zitronenschale, Salz und Mehl in einem Topf mit dem Schneebesen kräftig verquirlen. Die Marzipanstückchen untermischen.

3. Den Topf auf die Kochstelle setzen. Die Mischung unter ständigem Rühren aufkochen, bis sie gleichmäßig dick ist.

4. Den Brei in eine Schüssel füllen. 1 Ei unterrühren, Brei abkühlen lassen.

5. Die restlichen Eier trennen. Eiweiße mit 1 Esslöffel Puderzucker steif schlagen. 1 weiteren Esslöffel Puderzucker zum Bestreuen des Soufflés abnehmen und beiseite stellen.

6. Zuerst die Eigelbe, dann den restlichen Puderzucker und zuletzt ein Viertel des Eischnees mit dem Schneebesen in den Marzipanbrei rühren.

7. Den restlichen Eischnee mit dem Spatel auf die Soufflémasse setzen. Die Mandeln darüber streuen. Eischnee und Mandeln mit dem Schneebesen unterziehen, Teig in die Form füllen und mit dem verbliebenen Puderzucker bestreuen.

8. Das Soufflé in den kalten Backofen auf die untere Schiene stellen und bei 180 °C (Umluft 160 °C, Gas Stufe 2–3) etwa 45 Minuten backen, bis es hoch aufgegangen, an der Oberfläche aufgeplatzt und schön gebräunt ist.

Theas geheimer Tipp

Für viele Menschen bedeutet die Familie einen Hort, der sie die Liebe in der Gemeinschaft am intensivsten spüren lässt. Planen Sie Ihr nächstes Familienfest zur Hochzeit von Isis und Osiris am 19. Juli. Denn aus Liebe und Leid der beiden erwuchs eine neue Gemeinschaft: Ihr gemeinsamer Sohn Horus herrscht zusammen mit seiner Mutter über den Himmel, er wurde der Sonnengott und Isis die Göttin des Mondes, der Erde und der Meere.

Die altägyptischen Gottheiten Isis und Osiris gehören zu den berühmtesten Liebespaaren der Weltgeschichte. Isis liebte ihren Bruder Osiris, der die Pflanzen aus der Erde sprießen ließ und den Menschen alljährlich den fruchtbaren Nilschlamm schickte, damit sie ihre Felder bestellen konnten. Das weckte die Eifersucht von Seth, dem Herrn der Wüste. Er tötete Osiris und zerstückelte den Leichnam, doch Isis gab nicht auf. Sie fügte die Teile wieder zusammen, schenkte Osiris neues Leben und gebar ihm Horus.

Erdbeeren des Zeus

Zum Eintauchen ins Glück

Für 2 Personen

8 schöne große Erdbeeren * 50 g Edelbitterschokolade

50 g Vollmilchschokolade * 1 TL Orangenlikör

1 TL Sonnenblumenöl für die Platte * 100 g Sahne

1 EL Vanillezucker

Erdbeeren waren Göttervater Zeus geweiht, dessen erotische Abenteuer die Himmlischen amüsierten, die Irdischen verblüfften. Tatsächlich kam der Liebeslustige immer zum Ziel – mal mit List und Verkleidung, mal mit Charme und Verführung.

1. Die Erdbeeren vorsichtig an den Kelchen fassen und nacheinander in einer großen Schüssel mit kaltem Wasser spülen.

2. Die Früchte sofort mit einer Serviette trockentupfen und nebeneinander auf ein Küchentuch legen.

3. Die Schokolade in Stücke brechen, in einen kleinen Topf geben und im heißen Wasserbad flüssig werden lassen. Den Likör unterrühren.

4. Die Erdbeeren in die lauwarme, flüssige Schokolade tauchen und so auf eine geölte Platte setzen, dass sie möglichst nicht auf der »Schokoladenseite« liegen. Die Schokolade erkalten lassen.

5. Zum Servieren die Sahne mit dem Vanillezucker steif schlagen und als Rosetten auf Portionsteller spritzen. Die Erdbeeren zum Eintunken daneben anrichten.

Theas geheimer Tipp

Nutzen Sie die Kraft der ganzen Erdbeerpflanze, wenn Sie Ihren widerspenstigen Prinzen gewinnen wollen: Stellen Sie ein Sträußchen mit den Ranken auf den Tisch: Die weißen Blüten stehen für Ihr unschuldiges Lächeln, die noch grünen Beeren für Ihre Hoffnung auf Erfolg, die bereits roten für Ihre Glut. Dazu servieren Sie das Schälchen mit den reifen Früchten in süßer Schokolade …

Strawberry in love
Kühlt den Gaumen, nicht die Liebe

Für 2 Personen (Rezeptfoto siehe unten)

1 Zweig Minze * 300 g TK-Erdbeeren

1 EL Cassis (schwarzer Johannisbeerlikör) * 1/8 l Sekt oder Prosecco

1. Die Minze waschen, trockentupfen und einige schöne Blättchen für die Garnitur abzupfen.

2. Die gefrorenen Beeren mit dem Cassis im Mixer oder Blitzhacker pürieren und in eisgekühlte hohe Gläser geben.

3. Das Püree mit Sekt oder Prosecco aufgießen. Das Sorbet mit Minze garnieren und sofort servieren.

Theas geheimer Tipp

Schon bei der Farbe Rot schaltet unsere Psyche auf Dynamik und Leidenschaft. Nutzen Sie das bei ihrem Liebesessen.

Liebe bricht den Bann der Schneekönigin – erinnern Sie sich an die kleine Gerda im Märchen von Hans Christian Andersen? Also keine Angst vor kaltem Sorbet beim Mahl mit Ihrem Liebsten. Die Eiskristalle kühlen nur den Gaumen und machen Lust auf weitere Genüsse.

Exotischer Früchtetraum

Liebe für alle

Für 6 Personen (Rezeptfoto siehe rechts)

1/4 l Milch * 2 gestrichene EL Sahnepuddingpulver

1/2 TL Lebkuchengewürz * 50 g Zucker * 1 unbehandelte Orange

100 g Sahne * 6 frische Litschis * 2 reife Karambolen

3 Kumquats * 1 Banane * 200 g frische Datteln

1 grüner Apfel (z. B. Granny Smith) * 2 cl Orangenlikör oder weißer Fruchtsaft

1/2 EL Honig * 2 EL Kokosflocken

Für das große Familienfest, die Hochzeitsfeier oder als Geschenk zur Goldenen Hochzeit Ihrer Eltern können Sie den Salat auch im Voraus zubereiten, damit Sie beim Feiern nicht zu kurz kommen. Nehmen Sie aber nur die angegebenen Früchte. Ananas, Papayas oder Kiwis würden den Salat bitter machen, den Gästen den Appetit und Ihnen die Freude verderben.

1. Für die Creme die Hälfte der Milch mit dem Puddingpulver und dem Lebkuchengewürz glatt rühren. Den Rest der Milch mit Zucker aufkochen. Den angerührten Pudding untermischen und unter Rühren aufkochen, bis er dickflüssig ist. Abkühlen lassen, bis er nur noch lauwarm ist, dabei häufig umrühren. Durch ein Sieb passieren.

2. Die Orange heiß abwaschen, abtrocknen und reichlich Schale abreiben. Den Saft auspressen. Die Sahne steif schlagen.

3. Die Orangenschale und den ausgepressten Saft unter die Creme mischen. Die Sahne auf die Creme geben und unterziehen. Die Creme zugedeckt kühlen, bis der Obstsalat fertig ist.

4. Die Litschis aus den Schalen lösen, halbieren und vom Kern befreien. Die Karambolen und die Kumquats waschen und in Scheiben schneiden. Die Banane schälen und in Stücke schneiden. Die Datteln halbieren und in Streifen schneiden, dabei die Kerne entfernen. Den Apfel gründlich waschen, trocknen, vierteln, vom Kerngehäuse befreien und in dünne Schnitze teilen.

5. Das Obst in einer Schüssel mit dem Likör und dem Honig mischen und auf Dessertteller geben. Die Orangencreme darüber verteilen und mit den Kokosflocken bestreuen.

Theas geheimer Tipp

Ein Salat voller Wunderfrüchte – gerade recht für den Abschluss eines wunderbaren Essens mit all Ihren Lieben: Litschis waren die Lieblingsfrüchte kaiserlicher Konkubinen im alten China. Orangen wuchsen nach dem Glauben der Griechen im schönsten Garten der Götter – bewacht von zauberhaften Nymphen. Nur Herkules, dem Sinnbild der Stärke, gelang es, die »Äpfel der Hesperiden« zu rauben. Was ein scheinbar unschuldiger Apfel angerichtet hat, wissen wir ja alle. Und schließlich die Datteln im Salat: Diese Früchte durften im babylonischen Reich nur von Priestern kultiviert werden.

Äpfel im Schlafrock

Den bocksfüßigen Pan feiern

Für 4 Stück

2 EL Arrak oder Weinbrand

Füllung: 1 EL Korinthen * 100 g Marzipanrohmasse

1 TL Puderzucker * 1 Messerspitze Zimtpulver

Teig: 60 g kalte Butter * 250 g Mehl * 50 g Zucker * 1 Prise Salz

etwas abgeriebene Zitronenschale * 1 EL Vanillezucker

1 Ei * Mehl für die Arbeitsfläche

Äpfel: 4 Äpfel (à ca. 150 g) * 1 Eigelb * 1 EL Sahne * Fett für das Blech

Ironie ist in der Liebe fehl am Platz, und so sind auch die eingewickelten Äpfel als zärtlicher Wink an Ihren Liebsten zu verstehen: »Entspann' dich bei mir, fühl' dich geborgen, damit unsere Liebe umso schöner wird.«

1. Für die Füllung die Korinthen mit 1 1/2 Esslöffeln Arrak oder Weinbrand vermischen und zugedeckt über Nacht ziehen lassen.

2. Die Butter in kleine Stücke schneiden. Das Mehl auf die Arbeitsfläche geben. Eine Mulde hineindrücken. Zucker, Salz, Zitronenschale, Vanillezucker, Ei und Butterstückchen in die Mulde geben und alles mit einem Messer hacken, bis die Masse krümelig ist. Rasch mit den Händen zu einem glatten Teig kneten. Den Teig in Folie wickeln und 30 Minuten kühl stellen.

3. Inzwischen die Marzipanrohmasse mit dem restlichen Arrak oder Weinbrand, Puderzucker und Zimt verkneten. Die Korinthen unterkneten.

4. Die Äpfel schälen, das Kerngehäuse mit einem Apfelausstecher entfernen.

5. Den Teig auf der bemehlten Arbeitsfläche etwa messerrückendick ausrollen und in vier Quadrate schneiden, so groß, dass man die Äpfel damit einhüllen kann. Alle Teigreste zusammenkneten, erneut ausrollen und vier Kreise ausstechen.

6. Die Äpfel in die Mitte jedes Quadrats setzen. Die Marzipanfüllung in die Höhlung des Kerngehäuses geben. Die Ecken der Teigstücke nach oben falten, die Seiten gut zusammendrücken, so dass die Äpfel vollständig vom Teig umhüllt sind.

7. Das Eigelb mit der Sahne verquirlen, die Äpfel damit bestreichen. Die Teigkreise auf die Äpfel legen, etwas andrücken und ebenfalls mit Eigelb bestreichen.

8. Die Äpfel auf ein gefettetes Backblech setzen und in den kalten Backofen auf die mittlere Schiene schieben. Bei 200 °C (Umluft 180 °C, Gas Stufe 3–4) etwa 30 Minuten backen.

Theas geheimer Tipp

Seit Frauen nicht mehr im stillen Kämmerlein darauf warten müssen, erobert zu werden, sind Männer mit Zurückhaltung in der Liebe heiß begehrt. Haben Sie so ein Sensibelchen entdeckt, sollten Sie es vorsichtig umgarnen: Schließlich will auch Pan, der Lieblingsgott von uns Hexen, geweckt werden. In der Mittagshitze ruht er im Schatten eines Baumes. Stört eine schöne Nymphe seinen Schlummer, verwandelt er sich in den idealen Mann: sanft und wild zugleich, zauberischer Künstler und göttlicher Liebhaber in einer Person.

Fruchtbarkeitstorte

Aus zwei mach drei

Für 8 Stücke (Rezeptfoto siehe unten)

Teig: 100 g Mohn * 100 g weiche Butter * 60 g Zucker * 1 Prise Salz
1/2 EL Vanillezucker * 4 mittelgroße Eier * 50 g Mehl * 25 g Speisestärke
25 g gemahlene Mandeln * 1 TL Backpulver * 1 TL Orangensaft * Fett für die Form
Füllung: 1 mittelgroßes frisches Ei * Mark von 1/2 Vanilleschote
2 EL Zucker * 25 g Speisestärke * 1/4 l Milch * 2 EL Kaffeelikör
Guss: 200 g flüssige Halbbitterkuvertüre * 50 g Mandelblättchen zum Bestreuen

1. Den Mohn mahlen. Butter, Zucker, Salz und Vanillezucker schaumig rühren. Die Eier trennen, Eigelbe nacheinander unterrühren. Mehl, Speisestärke, Mohn, Mandeln und Backpulver unterrühren. Eiweiß mit Orangensaft steif schlagen und unterheben.

2. Den Teig in einer gefetteten Springform (22 Zentimeter Durchmesser) glatt streichen, in den Backofen (unten) schieben, auf 200 °C (Umluft 180 °C, Gas Stufe 3–4) schalten und 40 Minuten backen.

3. Das Ei trennen. Vanillemark, Eigelb, Zucker, Speisestärke und 3 Esslöffel Milch verrühren. Die restliche Milch zugießen und unter Rühren aufkochen.

4. Die abgekühlte Vanillecreme durch ein feines Sieb streichen. Likör und das steif geschlagene Eiweiß unterziehen. Den abgekühlten Kuchenboden waagerecht durchschneiden, mit der Creme füllen und wieder zusammensetzen. Dick mit der Kuvertüre überziehen, mit Mandelblättchen bestreuen.

Kaum eine Pflanze wirkt so stark positiv auf die Fruchtbarkeit wie Mohn. Essen Sie diese Torte mit Ihrem Liebsten, wenn Sie sich ein Baby wünschen.

Glücksbringer aus der Hexenküche

Essen macht uns glücklich, wenn es unsere kreativen Kräfte frei setzt. Das hat gewiss auch mit dem Fröhlichkeitshormon Serotonin zu tun. Doch: Wer Kakao nicht mag, der wird davon ganz und gar nicht fröhlich – selbst wenn er noch so viel von diesem »Glücksstoff« enthält. Fröhlich stimmen uns aber angenehme Kindheitserinnerungen: an unsere Lieblingsgerichte, an schöne Erlebnisse, die mit gutem Essen verbunden waren. Wir freuen uns an den bunten Farben eines sommerlichen Obstkorbes, am Duft von frischem Brot oder Gegrilltem. Wir lieben das Experimentieren beim Kochen, wenn unsere Phantasie spielen darf, und das Ergebnis alle begeistert, die wir zum Essen geladen haben. Glückliche Küchenhexen setzen das Signal, dass wir einmal wieder raus aus dem Trott wollen, dass wir mit einem befreienden Ritual ein wenig Glanz in den grauen Alltag bringen wollen.

Glückslinsensalat
Fürs Silvesterbüfett

Für 4 Personen (Rezeptfoto siehe rechts)

150 g Linsen * 400 ml Gemüsebrühe

1 TL getrockneter Thymian * 3 EL Himbeer- oder Johannisbeeressig

5 EL Olivenöl * 1 rote Zwiebel * 2 Fleischtomaten

je 1/2 Bund Salbei und Basilikum * 200 g Fetakäse

Salz * frisch gemahlener Pfeffer

Hexen feiern am 31. Dezember nicht den Papst Silvester, sondern die römische Göttin Vesta. Sie steht für ein schönes, gemütliches Zuhause und ist Beschützerin der Frauen.

1. Die Linsen mit der Gemüsebrühe und dem Thymian aufkochen und zugedeckt bei schwacher Hitze 45 bis 60 Minuten garen, so dass sie gerade eben weich sind.

2. Die Linsen mit der verbliebenen Garflüssigkeit in eine Schüssel geben. Den Essig und 2 Esslöffel Öl darunter mischen und die Linsen abkühlen lassen, bis sie nur noch lauwarm sind.

3. Inzwischen die Zwiebel abziehen, halbieren und in hauchdünne Streifen schneiden. Die Tomaten waschen, abtrocknen und würfeln.

4. Die Kräuter waschen und trockentupfen. Die Blättchen abzupfen. Das Basilikum auf einem Teller beiseite stellen.

5. Das restliche Öl in einer beschichteten Pfanne erhitzen. Den Fetakäse trockentupfen. Mit den Salbeiblättchen im heißen Öl bei mittlerer bis starker Hitze anbraten und leicht bräunen. Die Pfanne von der Kochstelle nehmen.

6. Die Linsen mit den Zwiebelstreifen, den Tomatenwürfeln und den Basilikumblättchen mischen. Mit Salz und Pfeffer abschmecken und auf Portionsteller verteilen.

7. Den Fetakäse vorsichtig in Würfel teilen und mit dem Salbei neben dem Salat anrichten.

Theas geheimer Tipp

Ein Linsengericht hat dem biblischen Jakob viel Glück gebracht: Für einen Teller davon bekam er von seinem Bruder Esau dessen Recht des erstgeborenen Sohnes. Das klingt für uns recht simpel. Doch wenn Sie sich bewusst machen, dass dem ersten Sohn alle Ländereien und Viehherden des Vaters zustanden, während der zweite nur auf die eigene Karriere als Chance für die Zukunft bauen konnte, hat Jakob mit den Linsen wahrlich das große Los gezogen.

Indische Kokossuppe

Mit der Perle fürs wahre Glückskind

Für 4 Personen

1 Zwiebel * 2 Knoblauchzehen * 1 Stängel Zitronengras * 2 EL Erdnussöl
1 TL gemahlene Kurkuma (Gelbwurz) * je 1/4 TL gemahlener Kreuzkümmel und Zimtpulver
400 ml ungesüßte Kokosmilch (Dose) * 3/4 l Geflügelbrühe
2 Hähnchenbrustfilets (insgesamt ca. 200 g) * 1 Granatapfel
Salz * frisch gemahlener Pfeffer

Es soll Kokosnüsse mit Perlen geben: Sie entstehen, wenn alle »Augen« der Nuss zufällig fest verschlossen bleiben, so dass der Keim nicht nach außen treiben kann. Dann bildet sich innen ein Kügelchen, geformt wie eine Perle und hart wie Glas. Die Kokosperlen sind höchst selten und noch viel wertvoller als die Perlen der Austern.

1. Die Zwiebel und den Knoblauch abziehen und fein hacken. Das Zitronengras waschen, den Stängel mit einer Nudelrolle flach klopfen und wie einen Bindfaden einmal verknoten, damit er sich in der Suppe nicht in die Fasern auflöst.

2. Zwiebel und Knoblauch in 1 Esslöffel heißem Öl glasig braten. Kurkuma, Kreuzkümmel und Zimt zugeben und kurz mitbraten. Zitronengras, Kokosmilch und Brühe zugießen und zum Kochen bringen. Zugedeckt bei schwacher Hitze etwa 10 Minuten garen.

3. Inzwischen die Hähnchenbrustfilets kalt abspülen, trockentupfen und quer zu den Fasern in dünne Streifen schneiden.

4. Den Granatapfel quer halbieren, die Kerne und den Saft über einer Schüssel herauslösen oder mit einem Löffel auskratzen. Alle Zwischenhäutchen entfernen.

5. Das Fleisch in die Suppe geben, einmal kurz aufkochen und 5 Minuten garen. Das Zitronengras aus der Suppe nehmen.

6. Die Suppe mit Salz und Pfeffer abschmecken und in heiße Teller geben. Die Grantapfelkerne mit einem Löffel auf die Suppenportionen setzen. Die Granatapfelkerne mit einer Gabel leicht unterrühren, so dass der rote Saft dekorative Schlieren bildet. Die Suppe sofort servieren.

Theas geheimer Tipp

Die Kokossuppe eignet sich auch für ein Menü, das Sie mit Ihrem Partner in einer entspannten Atmosphäre einnehmen. Sie festigt das Liebesglück und wirkt durch ihre Farben (weiß für die Reinheit und rot für Liebe und Leidenschaft) auch leicht verführend. Für ein indisches Menü servieren Sie als Hauptgang den Tomatenreis Tandoori (Seite 91) und zum Nachtisch frisches Obst, etwa süße Mangos. Geben Sie in die Duftlampe einen kleinen Tropfen Rosenöl, eventuell gemischt mit Sandelholzöl, diese Kombination wirkt harmonisierend, entspannend und leicht aphrodisierend.

Salat der Indianerin

Mit sanfter Süße zum Glück

Für 4 Personen (Rezeptfoto siehe unten)
1 TL Ahornsirup * 1/2 TL gemahlener Koriander
frisch gemahlener weißer Pfeffer * 2 EL milder Weißweinessig
1 TL körniger Senf * 7 EL Olivenöl * 2 kleine feste Zucchini
2 säuerliche Äpfel * 2 küchenfertige Kaninchenfilets (zusammen ca. 120 g)
Salz * 4 EL Sherry medium

1. Für das Dressing Ahornsirup, Koriander, 1 kräftige Prise Pfeffer, Essig, Senf und 5 Esslöffel Öl verrühren.

2. Die Zucchini waschen, putzen und grob raspeln. Die Äpfel schälen, vierteln, vom Kerngehäuse befreien und ebenfalls raspeln. Beide Zutaten mit dem Dressing vermischen. Den Salat auf Portionstellern verteilen.

3. Die Kaninchenfilets kalt abspülen, trockentupfen und rundherum mit Salz und Pfeffer würzen.

4. Das restliche Öl in einer Pfanne erhitzen. Die Kaninchenfilets darin bei starker Hitze kurz anbraten. Bei mittlerer Hitze in etwa 6 Minuten gar braten.

5. Das Fleisch kurz ruhen lassen, mit einem scharfen Messer schräg in Scheiben schneiden und neben den Salatportionen anrichten.

6. Den Bratfond in der Pfanne mit dem Sherry lösen und auf das Fleisch träufeln.

Zweifach reizt der Ahornbaum unsere Sinne: Strahlend wie ein Flammenmeer stehen die Bäume im bunten Laubgewand gegen den blauen Himmel des »Indian Summer«. Und ein paar Monate später beschenken sie uns mit einer Fülle von mildem Sirup, den sie den Sommer über im Mark ihrer mächtigen Stämme gebildet haben.

Ofenkartoffeln »Energy«

Setzen Kreativität frei

Für 4 Personen
8 mittelgroße mehlig kochende Kartoffeln * Fett für das Blech
Senfcreme: 4 hart gekochte Eigelbe * 4 EL grober Senf
200 g Crème fraîche * Salz * frisch gemahlener Pfeffer
1 EL Zitronensaft * 100 g Frühstücksspeck (Bacon)
einige Stängel Petersilie * 2 EL Kapern

Weißmagische Hexen setzen die Wirkung der Lebensmittel gezielt ein, wenn das Leben einmal zäh wie Leim fließt. Da braucht man zuerst Kraftnahrung. Eier mit Lezithin für Gehirn und Nerven, Kapern und Senf mit scharfen Ölen, die den Stoffwechsel anregen, Crème fraîche mit leichtem Eiweiß und vor allem die Energiebündel Kartoffeln. Und wenn die Körpersäfte wieder strömen wie ein munterer klarer Gebirgsbach, kehrt auch das Glück im Inneren zurück.

1. Die Kartoffeln gründlich unter fließendem kaltem Wasser bürsten und längs halbieren. Mit den Schnittflächen nach unten auf ein leicht gefettetes Backblech legen und in den kalten Backofen auf die mittlere Schiene schieben. Bei 200 °C (Umluft 180 °C, Gas Stufe 3–4) in 45 bis 60 Minuten weich backen.

2. Eigelbe zerdrücken. Mit Senf und Crème fraîche glatt rühren. Mit Salz, Pfeffer, Zitronensaft würzen.

3. Den Speck in feine Streifen schneiden, bei schwacher Hitze ausbraten und auf Küchenkrepp abtropfen lassen. Petersilie waschen und fein hacken.

4. Die gebackenen Kartoffeln mit den Schnittflächen nach oben auf vier Teller geben und mit den Speckstreifen belegen. Die Senfcreme darüber verteilen. Mit den Kapern und der Petersilie garnieren.

Gemüseplatte »Baubo«

Hochsommerliche Hexenkost

Für 6 Personen (Rezeptfoto siehe links)

1 unbehandelte Zitrone * 1/8 l Olivenöl * 4 Fleischtomaten

500 g kleine neue Kartoffeln * 500 g schlanke Zucchini

1 Fenchelknolle * 1 kleine Aubergine * je 2 rote und grüne Paprikaschoten

1 Bund Lauchzwiebeln * 8 große Champignons

1 Bund Oregano oder Majoran * Salz * frisch gemahlener schwarzer Pfeffer

1 Baguette (500 g) * 150 g weiche Kräuterbutter * 6 Lammkoteletts

1. Den Backofen auf 250 °C (Umluft 230 °C, Gas Stufe 6) vorheizen. Ein großes Stück Zitronenschale dünn abschälen. Den Saft auspressen. Das Öl bis auf 2 bis 3 Esslöffel für die Lammkoteletts mit dem Zitronensaft mischen.

2. Die Tomaten überbrühen und abziehen. 3 Tomaten halbieren, die vierte in kleine Würfel schneiden und auf einem Teller beiseite stellen.

3. Die Kartoffeln und das Gemüse gründlich waschen, Kartoffeln eventuell auch schälen. Kartoffeln und Zucchini in etwa 7 Zentimeter lange Stücke schneiden. Die Fenchelknolle vierteln und vom Strunk befreien. Die Aubergine in vier Scheiben schneiden. Paprikaschoten vierteln, dabei Trennwände und Kerne entfernen. Die Lauchzwiebeln putzen und waschen. Die Pilze ebenfalls kurz waschen. Beide Zutaten nicht zerkleinern. Die Kräuter waschen, trocknen und fein zerkleinern.

4. Die Tomatenhälften, die Kartoffeln, das Gemüse und die Pilze in der Fettpfanne des Backofens verteilen, mit Salz und Pfeffer würzen, mit dem Zitronenöl begießen.

5. Die Fettpfanne in den heißen Ofen auf die mittlere Schiene schieben und die Gemüsemischung in etwa 20 Minuten weich garen. Dabei einmal wenden und mit der Flüssigkeit in der Fettpfanne beschöpfen. Gemüse herausnehmen und mit Alufolie bedeckt warm halten.

6. Das Baguette in sechs Stücke schneiden und diese quer halbieren. Kräuterbutter mit Tomatenwürfeln vermischen und auf den Baguettehälften verteilen. Auf ein Backblech legen und im heißen Ofen in etwa 5 bis 7 Minuten knusprig rösten.

7. Die Lammkoteletts kurz kalt abspülen, trockentupfen und den Fettrand mit einem scharfen Messer einschneiden. Im restlichen Öl kräftig anbraten und pro Seite 2 bis 3 Minuten braten.

8. Zum Servieren die Lammkoteletts mit Salz und Pfeffer würzen, das Gemüse auf einer vorgewärmten Platte arrangieren und mit den gehackten Kräutern bestreuen.

Theas geheimer Tipp

Die Frage, ob es immer Vollwertkost sein muss, spielt für Küchenhexen keine Rolle. Wir essen, was uns schmeckt. Dabei kommt die Gesundheit niemals zu kurz. Doch wir achten das Recht aller Lebewesen. Deshalb kommen Produkte aus Massentierhaltung nicht in unsere Küchen.

Sie wollen ein leichtes Essen, das all Ihre Sinne anspricht? Hier ist es: Die magischen Farben Grün und Rot von saftigen Tomaten und reifen Paprikaschoten stehen für Erneuerung und das Feuer der Leidenschaft. Sanfte Pilze beruhigen den Gaumen, nahrhafte Kartoffeln und zartes Fleisch liefern Energie. Der schwere Duft von Oregano ist das Parfüm des Sommers. Und die Knusperbrötchen aus dem Ofen krachen so schön beim Hineinbeißen – was für Heiterkeitsausbrüche sorgt. Ganz im Sinne der griechischen Göttin Baubo, der Göttin des Lachens!

Frühlingsrisotto

Nach der Hochzeit zu essen

Für 4 Personen (Rezeptfoto siehe rechts)

3 EL Olivenöl * 250 g Rundkornreis (Arborio oder Carnaroli)

3/4 l Gemüsefond (Glas) * 100 g frischer Spinat * 1 Bund Bärlauch

100 g grüner Spargel * 4 Schalotten * 50 g Pecorino

1/8 l trockener Weißwein * 100 g Butter * 1–2 EL Zitronensaft

Salz * frisch gemahlener weißer Pfeffer

Alles in diesem leichten Essen ist jung, frisch und mit dem Grün der hoffnungsvollen Zukunft geschmückt: Spinat aus der ersten Frühlingsernte, zarter Grünspargel und kräftiger Bärlauch, dessen glänzend grüne Blätter man beim Waldspaziergang pflücken oder auf dem Markt kaufen kann.

1. In einem Topf 1 Esslöffel Öl erhitzen. Den Reis darin unter Rühren kurz andünsten. Die Hälfte des Fonds zugießen, den Risotto langsam zum Kochen bringen und zugedeckt bei schwacher Hitze 10 Minuten garen. Den Risotto ohne Deckel weitere 15 Minuten garen, dabei häufig umrühren und nach und nach den restlichen Fond zugießen.

2. Spinat und Bärlauch verlesen und waschen. Alle Blätter in feine Streifen schneiden. Den Spargel ebenfalls waschen, holzige Enden abschneiden, die Stangen in fingerbreite Stücke schneiden. Schalotten schälen und vierteln. Käse fein reiben.

3. Das restliche Öl erhitzen. Schalotten und Spargel darin bei starker bis mittlerer Hitze etwa 5 Minuten schmoren. Mit einer Gabel unter den Risotto mischen. Den Wein zugießen und den Risotto weitere 5 bis 10 Minuten garen, bis der Reis gerade eben bissfest ist.

4. Inzwischen die Butter in einem Topf erhitzen. Spinat und Bärlauch darin bei schwacher Hitze 5 Minuten schmoren. Ebenfalls unter den Risotto mischen und zugedeckt 1 bis 2 Minuten auf der abgeschalteten Kochstelle ziehen lassen.

5. Den Risotto mit Zitronensaft, Salz und grobem Pfeffer aus der Mühle abschmecken und mit dem Käse vermischt servieren.

Theas geheimer Tipp

Sparen Sie nicht mit Reis für die Braut, wenn Ihre liebste Freundin heiratet. Das Reiswerfen ist ein uralter Brauch – damit wünscht man dem jungen Paar nicht nur reichen Kindersegen, sondern auch Glück und Wohlstand. Die Frau des ersten Menschenpaares – so erzählt man sich in Asien – brachte ein Mädchen zur Welt, und aus einem Blutstropfen, der bei der Geburt in einen Krug mit Wasser fiel, wuchs im Nu die erste Reispflanze. Da sprengte die Frau all ihr Blut, das sie bei der Geburt verloren hatte, über die Erde und sorgte damit für genügend Reis, um die gesamte Menschheit zu ernähren.

Glückskräuter-Hirse
Für die Rituale des Erntedanks

Für 4 Personen

1 Schalotte * 1 Bund gemischte Kräuter (Rosmarin, Thymian, Salbei, Petersilie) * 1 EL Olivenöl * 250 g Hirse * Salz

50 g Taleggio * 50 g Butter * Cayennepfeffer

Hirse gilt als älteste Getreideart, die dem Menschen Nahrung spendet. Den Namen für die kleinen goldenen Körnchen haben die Griechen der Antike gefunden: Hirse bedeutet übersetzt sowohl Lebensunterhalt als auch Sättigung.

1. Die Schalotte abziehen und fein hacken. Die Kräuter waschen, trockentupfen, Blättchen abzupfen und fein zerkleinern.

2. Das Öl in einem Topf erhitzen. Die Schalotte, drei Viertel der Kräuter und die Hirse darin bei mittlerer Hitze unter Rühren etwa 2 Minuten anschwitzen. 1/2 Liter Wasser zugeben, salzen, aufkochen und die Hirse in etwa 30 Minuten garen.

3. Den Käse entrinden und in kleine Würfel schneiden. Mit der Butter und den restlichen Kräutern unter die Hirse mischen. Hirse mit Salz und 1 kräftigen Prise Cayennepfeffer abschmecken.

Dazu passt: Tomatensalat

Theas geheimer Tipp

Müssen Sie um Ihr Glück, um mehr Zufriedenheit in Ihrem Leben kämpfen? Dann sollten Sie viele verschiedene Kräuter genießen. Das gibt Ihnen die Stärke, die Sie so dringend brauchen, wenn man Ihnen mit Neid und Missgunst begegnet. So helfen Rosmarin und Salbei mit ihrem Weihrauchduft, ruhiges Blut zu bewahren, Petersilie stärkt Ihre Nerven und Thymian gibt Ihnen genau die Power, die Sie brauchen, um Angriffe rasch zu parieren.

Scharfe Chilinudeln

Lange Nudeln für ein langes Leben

Für 4 Personen (Rezeptfoto siehe unten)

100 g Schwarzwälder Schinken in dünnen Scheiben

500 g reife Tomaten * 150 g entsteinte schwarze Oliven

3 Knoblauchzehen * 1 große rote Chilischote

250 g dünne Nudeln (Spaghettini, Vermicelli, Fedelini oder Linguine)

Salz * 7 EL Olivenöl * 1 EL eingesalzene Kapern * 4 EL gehackte Petersilie

1. Den Schinken nach Wunsch vom Fettrand befreien, dann in feine Streifen schneiden. Die Tomaten überbrühen, abziehen und würfeln, Oliven halbieren, Knoblauch abziehen und zerdrücken. Die Chilischote halbieren, Trennwände und Kerne ganz oder teilweise entfernen. Die Schote waschen und in feine Streifen schneiden.

2. Die Nudeln in reichlich Salzwasser knapp bissfest kochen, abgießen und kurz abtropfen lassen. Mit 1 Esslöffel Öl vermischen.

3. Das restliche Öl in einer großen beschichteten Pfanne erhitzen. Die Schinken- und die Chilistreifen darin bei schwacher bis mittlerer Hitze unter Wenden braten, bis der Schinken glasig und leicht gebräunt ist.

4. Nudeln und Knoblauch in die Pfanne geben und ebenfalls leicht bräunen. Oliven, Kapern und Tomaten untermischen und alles unter ständigem Rühren erhitzen. Mit der gehackten Petersilie bestreut servieren.

Nudeln schenken Glück und langes Leben, wissen die Chinesen. Denn Nudeln bestehen aus drei Zutaten, ohne die gar nichts geht: aus Getreide, der Grundlage unserer Nahrung, Wasser, dem Element des Lebens, und Salz, der guten Gabe von Mutter Erde. Schlemmen Sie also ruhig mit Nudeln! Und denken Sie dabei nicht an Kalorien. Denken Sie nur an das Glück, das Ihnen das Leben schenkt.

Krabbennudeln

Schnelle Küchenhexerei

Für 4 Personen

1 Schalotte oder kleine Zwiebel * 1/2 Bund Petersilie

1 kleine Limette * 1 EL Olivenöl * 100 ml Fischfond (Glas)

200 g Sahne * 200 g Krabben * Salz * Cayennepfeffer * 400 g breite Nudeln

Krabben machen munter, weil sie so viel leicht verdauliches Eiweiß enthalten. Dieses tierische Protein kann unser Organismus sofort so gut nutzen, dass verbrauchte Energie zurückkehrt. Und wer sich körperlich wohl fühlt, den durchströmt das Glück der Seele.

1. Die Schalotte abziehen und fein hacken. Die Petersilie waschen, trockentupfen und fein hacken. Die Limette waschen, trocknen, etwas Schale abreiben, den Saft auspressen.

2. Das Öl in einem flachen Topf erhitzen. Die Schalotte darin bei schwacher Hitze unter Rühren glasig braten. Limettensaft und abgeriebene Schale sowie etwa die Hälfte des Fischfonds zugeben. Bei starker Hitze unter Rühren dick einkochen lassen. Dabei nach und nach den restlichen Fischfond und die Sahne zugeben.

3. Die Krabben und die Petersilie in die Sauce geben, mit Salz und Cayennepfeffer würzen und zugedeckt auf der abgeschalteten Kochstelle ziehen lassen, bis die Nudeln gegart sind.

4. Die Nudeln in reichlich Salzwasser nach Packungsaufschrift bissfest kochen, abgießen, gut abtropfen lassen und mit der Sauce vermischen. Auf heißen Tellern anrichten.

Theas geheimer Tipp

Lassen Sie beim sommerlichen Glücksmahl mit Fisch oder Meeresfrüchten einmal als ungewöhnliche Dekoidee ein zartes Netz über Ihrem schön gedeckten Tisch wehen. Duftige Moskitonetze oder Fensterstores eignen sich dazu. Schmücken Sie das Ganze mit bunten Blüten, Rosenblättern und grünen Ranken. Doch Vorsicht: Für einen »neuen Mann« birgt so ein Netz noch zu starke Symbolik; es eignet sich nur zum Mahl mit guten Freunden und vertrauten Partnern.

Fischratatouille
Öffnet Horizonte

Für 4 Personen (Rezeptfoto siehe unten)

1 Gemüsezwiebel * 3 Zweige Thymian * 2 kleine asiatische Auberginen
2 reife Tomaten * 700 g Goldbarschfilet * 250 g türkische Reisnudeln (siehe Randspalte)
6 EL Olivenöl * 1 TL Gemüsebrühe-Extrakt * 1 EL Crème double * Salz
frisch gemahlener Pfeffer * einige Blättchen Petersilie, Dill und Kerbel * 1 TL Butter

1. Die Gemüsezwiebel abziehen, halbieren und in feine Scheibchen schneiden. Den Thymian waschen, trocknen und die Blättchen abstreifen. Auberginen waschen, vom Stielansatz befreien und würfeln. Die Tomaten überbrühen, abziehen und würfeln. Das Fischfilet in zwei Finger breite Streifen schneiden.

2. Die Reisnudeln in 1 Esslöffel Öl bei schwacher Hitze anbraten, bis sie goldgelb sind. 1/2 Liter Wasser und die Gemüsebrühe zugeben, aufkochen und zugedeckt bei schwacher Hitze in etwa 20 Minuten körnig weich garen.

3. Im restlichen Öl Zwiebeln und Thymian anschwitzen. Auberginen zugeben und unter Rühren 10 Minuten schmoren.

4. Den Fisch auf das Gemüse legen, Tomaten und die Crème double darüber verteilen. Mit Salz und Pfeffer würzen und den Fisch zugedeckt etwa 5 Minuten garen.

5. Die Kräuter waschen, trocknen, fein hacken und mit der Butter unter die Reisnudeln ziehen. Mit dem Fisch auf vorgewärmten Tellern anrichten.

Weißmagische Hexen reisen durch Ort und Zeit, finden überall neue Ideen. Das gilt natürlich auch für unsere Küchenhexereien. Besorgen Sie die Lebensmittel in möglichst vielen verschiedenen Geschäften: Reisnudeln, aus Weizen hergestellt, doch geformt wie Reiskörner, gibt es im türkischen Supermarkt, wunderbar kleine, sanft-grüne Auberginen aus Thailand im Asienladen, frische Kräuter auf dem Markt, aromatisches Öl und saftige, reife Tomaten im Mittelmeerladen.

Pute im Sommerbett

Beflügelt die Phantasie

Für 4 Personen (Rezeptfoto siehe links)

300 g Putenschnitzel * 1 Zwiebel * 1/2 unbehandelte Zitrone
1/2 Bund Estragon * 600 g grüner Spargel * 300 g Tomaten
250 g Langkornreis * Salz * 1 EL Olivenöl * 2 EL Gemüsefond (Glas)
100 g Crème fraîche * frisch gemahlener Pfeffer * Zucker

1. Das Fleisch quer zu den Fasern in fingerbreite Streifen schneiden. Die Zwiebel abziehen und fein hacken. Die Zitronenschale dünn abschälen und fein zerkleinern. Den Zitronensaft auspressen. Den Estragon waschen, trocknen, die Blättchen abzupfen und fein hacken.

2. Die Spargelstangen waschen, die unteren holzigen Enden abschneiden und die Stangen in knapp fingerdicke Stücke schneiden. Die Tomaten überbrühen, abziehen und würfeln.

3. Den Reis mit 1/2 Liter Wasser und Salz aufkochen und zugedeckt bei schwächster Hitze in etwa 20 Minuten körnig weich garen.

4. Inzwischen das Öl in einer Pfanne erhitzen. Die Fleischstreifen mit dem Estragon darin bei starker bis mittlerer Hitze unter ständigem Wenden etwa 3 Minuten braten, bis sie leicht gebräunt sind. Herausnehmen und auf einem Teller beiseite stellen.

5. Spargel, Zwiebel und Zitronenschale hinzufügen und anbraten. Fond und Zitronensaft zugeben, aufkochen und das Gemüse zugedeckt bei mittlerer Hitze in etwa 5 Minuten gerade eben bissfest garen.

6. Fleisch und Crème fraîche dazugeben und unter Rühren erhitzen, aber nicht mehr aufkochen. Mit Salz und Pfeffer abschmecken. Auf vorgewärmten Tellern verteilen und zugedeckt warm halten.

7. Die Tomaten in die Pfanne geben und bei starker Hitze kurz unter Rühren schmoren. Mit Salz, Pfeffer und 1 Prise Zucker abschmecken. Den Reis untermischen und neben dem Putenragout anrichten.

Theas geheimer Tipp

Auch wenn es Ihren Freundinnen noch so gut geschmeckt hat – lassen Sie sich nicht überreden, das Ragout mit zartem Spargel, Estragon und Tomaten in der kalten Jahreszeit zu kredenzen. Denn alles an diesem Essen ist abgestimmt auf die kulinarische Pracht des Frühsommers, die schon die kommenden Monate der Fülle ahnen lässt. Und im Winter kann dies nur enttäuschen.

Bei einem bunten Essen arbeitet unsere Phantasie stärker als unsere Hände, und das Kochen gelingt wie von selbst. Wir wollen experimentieren und allen, die sich mit uns um den schön gedeckten Tisch versammelt haben, unsere Freude am Essen und Genießen mitteilen.

Safranhähnchen

Für goldenen Glanz im Alltag

Für 4 Personen

1 küchenfertiges Brathähnchen (ca. 1,6 kg) * Salz

frisch gemahlener schwarzer Pfeffer * 500 g Flaschentomaten

2 große Zwiebeln * 5 Knoblauchzehen * 200 g ungesüßte Kokoscreme (Dose)

100 ml Geflügelfond (Glas) * 1 1/2 EL Safranfäden * 3 EL Öl

Küchenhexen verwenden grundsätzlich ganze Safranfäden: So schmecken die zarten Staubgefäße der Pflanze viel besser als gemahlen und bleiben beim Aufbewahren länger aromatisch. Wichtig: Safranfäden in warmer Brühe, Wasser oder zerlassener Butter auflösen, bevor Sie ihn mit den restlichen Zutaten vermischen.

1. Das Hähnchen waschen, abtropfen lassen, in sechs Stücke zerlegen und trockentupfen. Mit Salz und Pfeffer einreiben. Die Tomaten überbrühen, abziehen und würfeln, dabei den Stielansatz herausschneiden. Zwiebeln und Knoblauch schälen und grob zerkleinern.

2. Die Kokoscreme mit dem Fond aufkochen. Den Safran zwischen den Fingern zerreiben, zugeben und unter Rühren in der Kokoscreme auflösen.

3. Das Öl in einem Bräter erhitzen. Die Hähnchenstücke darin portionsweise bei mittlerer Hitze braun anbraten und wieder herausnehmen.

4. Die Zwiebeln und den Knoblauch im Fett unter Rühren glasig braten.

5. Die Hühnerstücke auf die Zwiebeln legen. Die Tomaten darüber verteilen und kräftig mit Salz würzen. Die Kokoscreme an den Seiten zugießen.

6. Alles zum Kochen bringen und etwa 4 Minuten kräftig kochen lassen. Das Fleisch zugedeckt bei mittlerer bis schwacher Hitze in etwa 50 Minuten schmoren. Dabei einige Male wenden.

7. Das Fleisch herausnehmen und in einer vorgewärmten Schüssel warm halten.

8. Die Kokosmilch unter Rühren bei starker Hitze dick einkochen. Mit Salz und Pfeffer abschmecken und auf dem Fleisch verteilen.

Dazu passt: Fladenbrot mit Sesam und Salat

Theas geheimer Tipp

Safran gibt Ihnen Intuition und spirituelle Energie, denn er war immer nur Göttern und Herrschern geweiht. Die Helden der Sage trugen safrangefärbte Gewänder, römische Kaiser ließen die Straßen mit Safran bestreuen, wenn sie einen Triumphzug anführten. Selbst heute noch ist Safran das wertvollste Gewürz – nicht nur des hohen Preises wegen, den man für gute Qualität zahlen muss. Denn nach alter Überlieferung schenkt er uns Licht und Liebe.

Wachteln mit Estragon

Mit dem Drachenkraut als Schutz

Für 4 Personen (Rezeptfoto siehe unten)

8 küchenfertige Wachteln * Kräutersalz * frisch gemahlener weißer Pfeffer

8 schöne Estragonzweige * 8 dünne Scheiben Frühstücksspeck (Bacon)

2 EL Sonnenblumen- oder Olivenöl * 2 TL dunkles Sesamöl

1. Den Backofen auf 200 °C (Umluft 180 °C, Gas Stufe 3–4) vorheizen. Die Wachteln innen und außen kalt abspülen, trockentupfen und mit Kräutersalz und Pfeffer einreiben. Den Estragon waschen und trocknen.

2. Jede Speckscheibe mit 1 Zweig Estragon belegen und 1 Wachtel damit umhüllen. Den Speck mit Küchengarn festbinden, dabei die Schenkel der Wachteln zusammenbinden. Das Sonnenblumen- oder Olivenöl in einem Bräter erhitzen, die Wachteln darin rundherum braun anbraten. Zugedeckt in den heißen Backofen auf die mittlere Schiene stellen und 25 Minuten braten.

3. Den Deckel abnehmen, die Wachteln weitere 10 Minuten braten und dabei leicht bräunen.

4. Die Wachteln herausnehmen, die Speckscheiben mit dem Estragon entfernen. Wachteln mit dem Sesamöl bespinseln und auf gut vorgewärmten Tellern anrichten.

Wachteln warten beim Zug in den Süden auf Krähen als Begleitung, damit sie vor Raubvögeln sicher sind. In diesem Essen vereinigen sich die klugen Vögel mit dem Kraut des Drachens. Weißmagische Hexen des Mittelalters gaben Estragon ihren Mitschwestern, wenn das Monatsblut nicht fließen wollte, verordneten ihn als Schutz vor Schlangen. Selbst vor bösen Geistern sollte er die Menschen bewahren – vielleicht, weil er Herz und Magen stärkt, also Glück gewährt und Ausgeglichenheit schenkt.

Honigsüße Entenbrust

Für geballte Energie

Für 4 Personen

2 Entenbrüste (ohne Knochen; à ca. 340 g) * Salz
frisch gemahlener Pfeffer * 4 EL Öl * 2 Lauchzwiebeln
1 Knoblauchzehe * 1 Stück frischer Ingwer (ca. 1 cm lang)
einige Stängel Petersilie * 1 Limette oder kleine unbehandelte Zitrone
2 Orangen * 2 EL trockener Sherry * 2 EL flüssiger Akazienhonig
200 ml Kalbsfond (Glas)

Honig ist ein erstaunliches Geschenk der Natur: Er gilt als vollkommene Nahrung, denn er wird von einem unschuldigen Tier aus reinen Blüten gewonnen. Und die Bienen berühren die Blüten nur sanft, bestäuben sie und schaffen damit die Voraussetzung für Samen und Frucht.

1. Die Entenbrüste auf beiden Seiten mit Salz und Pfeffer würzen und im heißen Öl zuerst auf der Hautseite, dann auf der Fleischseite jeweils 2 Minuten kräftig anbraten. Zugedeckt bei mittlerer bis schwacher Hitze 25 Minuten garen.

2. Inzwischen die Lauchzwiebeln putzen, waschen, einmal quer halbieren und mit dem zarten Zwiebelgrün der Länge nach in Streifen schneiden. Knoblauch schälen und fein zerkleinern. Ingwer schälen und in feine Scheibchen schneiden. Petersilie waschen und fein hacken. Die Limette waschen und abtrocknen, die Schale dünn abschälen und in hauchfeine Streifen teilen oder mit einem Zestenreißer abreißen.

3. Den Saft der Limette und der Orangen auspressen. Mit dem Sherry und dem Honig verrühren.

4. Die Entenbrüste auf eine feuerfeste Platte legen, unter den Backofengrill schieben und 3 bis 5 Minuten grillen, bis die Haut braun und das Fett zum größten Teil ausgebraten ist. Mit Alufolie bedeckt warm halten, bis die Sauce fertig ist.

5. Die Lauchzwiebeln, den Knoblauch und den Ingwer mit dem Bratöl der Entenbrüste in eine Pfanne geben und bei schwacher Hitze glasig und weich braten. Den Fond nach und nach zugeben und bei starker Hitze unter Rühren sehr dickflüssig einkochen.

6. Die Saftmischung zugeben und ebenfalls einkochen, bis die Sauce dickflüssig ist.

7. Die Entenbrüste schräg in etwa 1/2 Zentimeter dicke Scheiben schneiden, auf vorgewärmten Tellern anrichten und mit der Sauce umgießen. Mit der Petersilie bestreuen.

Theas geheimer Tipp

Im alten China gehörte Ente mit Honigsauce zu den Gerichten, die nur der Kaiser genießen durfte. Denn Honig stand in enger symbolischer Beziehung zur Erde und zum Mittelpunkt der Welt; er war Nahrung der Unsterblichen. Lassen Sie also Ehrfurcht walten, wenn Sie dieses Mahl zubereiten, servieren und verzehren: Kochen Sie möglichst auf der offenen Gasflamme, um spirituelle Energie freizusetzen. Richten Sie auf dem weißen Gold, dem Porzellan an, und verwenden Sie zum Essen Stäbchen oder Gabel und Löffel. Messer stören die Harmonie.

Tomatenreis Tandoori

Reis schenkt pralles Leben

Für 4 Personen (Rezeptfoto siehe unten)

200 g Tomaten * 1 kleine Dose Tomatenmark (70 g) * 300 g Lammschulter (ohne Knochen)
5 EL Öl * 1 Zwiebel, abgezogen und fein gewürfelt
je 1/2 TL Zimtpulver und Safranfäden * Salz
frisch gemahlener Pfeffer * 400 g Langkornreis
einige Stängel gemischte Kräuter (z. B. Petersilie, Minze, Kerbel, Salbei)

1. Die Tomaten überbrühen, abziehen, zerdrücken und mit dem Tomatenmark verrühren. Das Fleisch in 1 Zentimeter große Stücke schneiden.

2. In einer Pfanne 4 Esslöffel Öl erhitzen. Fleisch darin kräftig braun anbraten. Die Zwiebel zugeben und glasig braten. Tomatenpüree, Zimt, Safran, Salz und Pfeffer untermischen. Alles gerade eben mit Wasser bedecken und aufkochen. Zugedeckt 30 Minuten garen. Den Reis in reichlich Wasser 5 Minuten kochen. Abgießen.

3. Das restliche Öl in einem Topf stark erhitzen. Den Topf von der Kochstelle nehmen, Reis und Fleisch mit Flüssigkeit schichtweise einfüllen.

4. Den Topf wieder auf die Kochstelle setzen, den Topfdeckel mit einem Küchentuch umwickeln und fest auf den Topf drücken. Den Reis weitere 30 Minuten bei schwacher Hitze garen. Nicht umrühren.

5. In der Zwischenzeit die Kräuter fein hacken. Den Reis mit den Kräutern bestreut servieren.

Als Geschenk der Himmlischen erntet man in vielen asiatischen Regionen die ersten Reisgarben noch mit der Hand. Auf der Insel Bali feiern die Menschen zu Ehren der Göttin Devi Sri beeindruckende Rituale bei der Reisernte. Und wo dieses Getreide die Grundlage der Nahrung ist, kocht man es natürlich auch mit viel Gefühl. Denken Sie bei diesem Gericht daran: Sie müssen ein Reiskorn vor dem Abgießen unbedingt kosten. Wenn es beim Durchbeißen noch recht hart, aber ohne mehligen Kern ist, dann ist der Reis genau richtig gegart.

Curry der Aditi

Die große Göttin ehren

Für 4 Personen (Rezeptfoto siehe rechts)

400 g ungesüßte Kokoscreme (Dose)

400 ml Gemüse- oder Fleischbrühe * 2 Knoblauchzehen

1 Stück frischer Ingwer (ca. 5 cm) * 1 Limette oder kleine unbehandelte Zitrone

1 TL gemahlene Kurkuma (Gelbwurz) * 1/2 TL Safranfäden

1/4 TL gemahlener Koriander * 600 g magere Schweineschulter ohne Knochen

2 EL Öl * 4 Zitronenblätter * Salz * 4 EL süße Sojasauce

1/4 Bund Koriandergrün oder Petersilie

Bei vielen Völkern sind Muttergottheiten mit dem Schwein verbunden, denn das weibliche Tier ist starkes Symbol der Fruchtbarkeit: So ist es auch die Begleiterin von Aditi, der altindischen Gebieterin der Weltordnung, die das Leben der Menschen bestimmt und deren Schoß als Nabel der Welt galt.

1. Die Kokoscreme mit der Brühe unter Rühren aufkochen. Im offenen Topf bei schwacher Hitze kochen lassen, bis die anderen Zutaten vorbereitet sind.

2. Knoblauch und Ingwer schälen und fein hacken. Die Limette waschen, abtrocknen und etwa die Hälfte der Schale dünn abschälen. Die Schale fein hacken. Den Limettensaft auspressen und zum Abschmecken beiseite stellen.

3. Alle diese vorbereiteten Zutaten mit Kurkuma, zerriebenem Safran und Koriander mischen und in die Kokoscreme geben. Zugedeckt bei schwacher Hitze 10 Minuten kochen lassen.

4. Inzwischen das Fleisch in feine Streifen schneiden. Im heißen Öl bei starker Hitze rundherum anbraten.

5. Die Kokosmischung langsam zugießen und unter Rühren aufkochen. Die gewaschenen Zitronenblätter zufügen und das Fleisch zugedeckt bei schwacher Hitze 45 Minuten garen.

6. Mit Salz, Sojasauce und Limettensaft abschmecken. Koriandergrün bzw. Petersilie waschen, trockentupfen, fein zerkleinern und darunter mischen.

Theas geheimer Tipp

Wenn Sie sich ein Kind wünschen, sollten Sie zuerst ein Fruchtbarkeitsritual durchführen und dann das Curry der Aditi zu sich nehmen. Laden Sie dazu Ihre beste Freundin ein, der Sie geistig und seelisch tief zugewandt sind.

Quittensegenstorte

Für das Eheglück

Für 12 Stücke (Rezeptfoto siehe unten)
Teig: 1 unbehandelte Orange * 200 g Mehl
50 g Zucker * 1 Prise Salz * 1 Ei * 100 g weiche Butter
Belag: 1 kg Quitten * 1 EL Butter * 50 g Zucker
2 EL trockener Weißwein oder Zitronensaft * je 1 TL Ingwer- und Zimtpulver
1/2 TL gemahlene Nelken

Quitten sind Sinnbild für Glück und Fruchtbarkeit. In der Antike waren sie der Liebesgöttin Aphrodite geweiht, in Indien vermählte man die Braut vor der eigentlichen Hochzeit symbolisch mit einem Quittenbaum, in Griechenland ist es noch heute in manchen Familien Sitte, dass die frisch verheiratete Ehefrau eine Quitte in das Haus ihres Mannes bringt.

1. Die Orange waschen und abtrocknen. Die Schale abreiben, den Saft auspressen.

2. Mehl, Zucker, Orangenschale, Salz, Ei und Butter mit den Knethaken des Handrührgeräts vermischen, bis die Masse krümelig ist. Auf der Arbeitsfläche mit den Händen zu einem glatten Teig kneten.

3. Eine Springform damit auskleiden, einen etwa 3 Zentimeter hohen Rand formen. Teigboden mit einer Gabel mehrmals einstechen und kühl stellen.

4. Die Quitten schälen, vom Kerngehäuse befreien und in Stücke schneiden. Die Butter erhitzen. Quitten, Orangensaft und Zucker zugeben. Schmoren, bis die Quitten fast weich sind. Wein und Gewürze untermischen und alles zu dickem Mus einkochen.

5. Den Teigboden in den kalten Backofen auf die mittlere Schiene stellen und bei 200 °C (Umluft 180 °C, Gas Stufe 3–4) 10 Minuten vorbacken. Die Quitten auf dem Teigboden verteilen und den Kuchen in etwa 30 Minuten fertig backen.

Orangentörtchen

Für Kraft an dunklen Tagen

Für 4 Stück
Teig: 1 kleine unbehandelte Blutorange * 150 g Mehl
25 g Zucker * 1 Prise Salz * 75 g weiche Butter
Fett für die Förmchen
Belag: 2 große Orangen * 125 g Schmand * 2 Eigelbe
1 EL Vanillezucker * 1/4 TL Zimtpulver
50 g Mandelblättchen * 2 EL Ahornsirup

1. Die Orange waschen und abtrocknen. Die Schale für den Teig abreiben. Den Saft für den Belag auspressen.

2. Mehl, Zucker, Orangenschale, Salz, Butter und etwa 1 1/2 Esslöffel kaltes Wasser in einer Schüssel mit den Knethaken des Handrührgeräts vermischen, bis die Masse krümelig ist. Auf der Arbeitsfläche mit den Händen zu einem glatten Teig kneten.

3. Vier gefettete Obstkuchenförmchen (12 Zentimeter Durchmesser) damit auskleiden, dabei jeweils einen kleinen Rand formen. Die Teigböden mit einer Gabel mehrmals einstechen und kühlen, bis der Belag vorbereitet ist.

4. Dafür die Orangen mit einem scharfen Messer so schälen, dass auch die weiße Haut vollkommen entfernt wird. Die Orangen in kleine Stücke schneiden. Dabei über einer Schüssel arbeiten bzw. auf einem Teller schneiden, um den abtropfenden Saft aufzufangen.

5. Diesen Saft und den ausgepressten Blutorangensaft mit Schmand, Eigelben, Vanillezucker und Zimt verrühren.

6. Die Teigböden in den kalten Backofen auf die mittlere Schiene stellen und bei 200 °C (Umluft 180 °C, Gas Stufe 3–4) 15 Minuten vorbacken.

7. Die Törtchen mit Orangenstücken belegen, mit der Schmandmischung begießen, mit den Mandelblättchen bestreuen und weitere 15 Minuten backen. Herausnehmen und heiß mit dem Ahornsirup bestreichen.

8. Die Törtchen 30 Minuten in den Formen ruhen lassen, herauslösen und auf einem Kuchengitter vollständig abkühlen lassen.

Theas geheimer Tipp

Backen Sie diese Glückstörtchen an einem düsteren Wintertag, machen Sie es sich mit einer kuscheligen Decke und einer Tasse grünem Tee gemütlich. Dazu essen Sie ein Törtchen und stellen Sie sich eine schöne Hummel vor, die in flirrender Sommerhitze von Blüte zu Blüte fliegt, den süßen Nektar der Blumen nur für sich selbst sammelt und genießt. So gewinnen Sie Kraft durch die Süße, die lebendige Pflanzen uns schenken.

Weise Frauen wussten schon immer um die Heilkraft pflanzlicher Substanzen. Die Törtchen enthalten eine Menge davon – einmal ganz abgesehen von deren Köstlichkeit, die Ihre Seele erfreuen wird: Zimt nimmt Übelkeit und Nervosität, der Saft von Blutorangen wirkt postiv auf die Fruchtbarkeit der Frauen und die Potenz der Männer.

Mohn-Meditations-Torte

Für ruhige Gedanken

Für 16 Stücke (Rezeptfoto siehe rechts)

Teig: 150 g Butter * 1 kleine unbehandelte Orange

150 g Mohn * 40 g Walnusskerne * 4 große Eier * 75 g Zucker

1 EL Vanillezucker * 1 Prise Salz * 1 TL Lebkuchengewürz

75 g Mehl * 40 g Speisestärke * 1 TL Backpulver * Fett für die Form

Füllung: 1/2 Päckchen Vanillepuddingpulver * 60 g Puderzucker

1/8 l Milch * 100 g Sahnejoghurt * 250 g Sahne

100 g Preiselbeerkompott * 300 g dunkle Kuvertüre

Hypnos, der griechische Gott des Schlafes, wurde als geflügelter Jüngling mit einem Kranz von Mohnblüten um die Stirn und einem kleinen Horn in der Hand dargestellt. Aus dem Horn träufelte er die Tropfen süßer oder böser Träume. So beherrschte Hypnos nicht nur die Menschen, sondern auch die mächtigen Götter.

1. Die Butter zerlassen, aber nicht bräunen. Lauwarm abkühlen lassen. Die Orange waschen, trocknen, die Schale abreiben. Den Saft auspressen. Mohn und Walnüsse getrennt fein mahlen.

2. Die Eier mit Zucker und Vanillezucker schaumig rühren. Salz, Orangenschale, Lebkuchengewürz und Orangensaft unterrühren.

3. Den Mohn mit Mehl, Speisestärke, Nüssen und Backpulver mischen. Abwechselnd mit der flüssigen Butter unter die Eiercreme rühren.

4. Den Teig in eine gefettete Springform füllen und in den kalten Backofen auf die untere Schiene stellen. Bei 180 °C (Umluft 160 °C, Gas Stufe 2–3) etwa 1 Stunde backen. Den Tortenboden in der Form 10 Minuten ruhen lassen, herauslösen und auf einem Kuchengitter abkühlen lassen.

5. Das Puddingpulver mit der Hälfte des Puderzuckers mischen, mit der Milch glatt rühren und unter Rühren aufkochen. Weiterrühren und in einigen Sekunden zu einem dicken Pudding kochen.

6. Den Pudding abkühlen lassen und durch ein feines Sieb streichen. Mit dem Joghurt vermischen. Die Sahne mit dem restlichen Puderzucker steif schlagen und etwa die Hälfte davon unter die Vanillecreme ziehen. Den Rest der Sahne in den Kühlschrank stellen.

7. Den Tortenboden einmal quer durchschneiden und die untere Hälfte mit dem Preiselbeerkompott bestreichen. Die Vanillecreme darauf verteilen. Den zweiten Tortenboden darauf legen und leicht andrücken.

8. Die Kuvertüre im Wasserbad schmelzen, die Torte rundherum damit überziehen. Auf der Oberseite in der weichen, aber nicht mehr flüssigen Kuvertüre 16 Tortenstücke markieren.

9. Die Kuvertüre fest werden lassen. Die gekühlte Sahne in einen Spritzbeutel füllen und die Tortenstücke mit dicken Rosetten oder Tupfen verzieren.

Theas geheimer Tipp

Die Torte sollten Sie lieben Freunden servieren, die mit Ihnen einen meditativen Tag verbringen wollen. Dazu passen ausschließlich leichte Getränke, beispielsweise Tausengüldenkrauttee, der gegen Ärger hilft und die Nerven beruhigt.

Torta di Pasqua

Ostara zu Ehren

Für 12 Stücke

Teig: 200 g Mehl * 50 g Mandeln * 50 g Zucker
abgeriebene Schale von 1/2 unbehandelten Zitrone
1 Prise Salz * 1 Ei * 100 g weiche Butter
Belag: 400 g ungesalzener Ricotta, durch ein Sieb passiert
Saft und Schale von 1 kleinen unbehandelten Zitrone * 100 g Puderzucker * 2 Eier
Außerdem: Fett für die Form * Mehl zum Ausrollen * 1 Eigelb * 1 EL Sahne

1. Mehl mit Mandeln, Zucker, Zitronenschale, Salz, Ei und Butter gut verkneten. Falls der Teig nicht bindet, tropfenweise kaltes Wasser unterkneten. Eine gefettete Springform mit zwei Drittel des Teigs auskleiden. Restlichen Teig dünn ausrollen. Kühl stellen.

2. Ricotta mit Zitronensaft, -schale und der Hälfte des Puderzuckers verrühren. Eier mit restlichem Puderzucker über dem warmen Wasserbad dickcremig aufschlagen. Ricottacreme löffelweise unterrühren.

3. Den Teigboden in den kalten Backofen stellen und bei 200 °C (Umluft 180 °C, Gas Stufe 3–4) 10 Minuten backen. Ricottacreme auf den Teigboden streichen. Die in Streifen geschnittene gekühlte Teigplatte als Gitter darauf legen. Eigelb mit Sahne verrühren, das Teiggitter damit bestreichen.

4. Die Torte in den Backofen auf die untere Schiene stellen und bei 160 °C (Umluft 150 °C, Gas Stufe 2) etwa 50 Minuten backen, bis sie leicht gebräunt ist.

Die Torte wird in Süditalien zum Osterfest gebacken. Genießen wir sie zu Ehren der Frühlingsgöttin Ostara, die im kalten Norden die Natur aus dem Winterschlaf weckt, den Menschen neues Leben schenkt und ein Lächeln auf ihre Gesichter zaubert.

Schokoladenkuchen

Mit den goldenen Früchten Asiens

Für 12 Stücke (Rezeptfoto siehe rechts)
Teig: 200 g weiche Butter * 150 g brauner Zucker
1 TL Vanillezucker * 1 Prise Salz * 4 Eier * 300 g Mehl
100 g ungesüßtes Kakaopulver * 1 1/2 TL Backpulver
1/4 l dunkles Bier * Fett für die Form
Füllung: 3 EL Johannisbeergelee * 3–4 mittelgroße reife
Kakifrüchte (ca. 600 g) * 400 g Sahne * 1 Päckchen Sahnesteif
2 EL Zucker * 3 EL Schokoladenraspel

Der Kuchen ist weich und saftig wie Zuppa romana. Wer ihn lieber schnittfest wie eine Torte mag und sauber aufschneiden will, bereitet die Kakisahne mit 6 bis 7 Blatt weißer Gelatine zu.

1. Die Butter mit Zucker, Vanillezucker und Salz mit den Quirlen des Handrührgeräts schaumig rühren, bis die Masse elfenbeinfarben ist. Die Eier nacheinander auf niedriger Schaltstufe unterrühren, bis der Teig gleichmäßig gelb ist.

2. Zuerst Mehl, Kakao und Backpulver gemischt, dann soviel Bier unterrühren, dass der Teig cremig ist und in langen Zapfen von den Quirlen fällt.

3. Eine gefettete Springform mit dem Teig füllen. Den Kuchen in den kalten Backofen auf die untere Schiene stellen und bei 175 °C (Umluft 150 °C, Gas Stufe 2) etwa 1 Stunde backen.

4. Die Garprobe machen, den Kuchen herausnehmen und in der Form etwas ruhen lassen. Nach 20 Minuten zum Auskühlen auf ein Kuchengitter geben.

5. Den kalten Kuchen quer halbieren. Die untere Hälfte mit Johannisbeergelee bestreichen.

6. Die dünne Haut der Kakifrüchte abziehen, den Kelch entfernen und die Früchte mit einer Gabel so fein wie möglich zerdrücken.

7. Sahne halb steif schlagen. Sahnesteif mit Zucker gemischt langsam zugeben und weiter schlagen, bis die Sahne vollständig steif ist. Zwei Drittel davon mit dem Kakipüree vermischen.

8. Den unteren Kuchenboden mit der Hälfte der Kakisahne bestreichen. Oberen Boden auflegen, etwas andrücken und mit der zweiten Hälfte der Kakisahne bestreichen. Den Kuchen rundherum mit der restlichen Sahne bestreichen.

9. Kuchen etwa 2 Stunden kühlen. Mit den Schokoladenraspeln bestreut servieren.

Theas geheimer Tipp

Lassen Sie sich beim nächsten Festmahl von der Kaki inspirieren: Der Baum aus Ostasien, der zu den ältesten Kulturpflanzen der Menschheit zählt, trägt seine rotgoldenen Früchte erst im Spätherbst, wenn er die Blätter bereits verloren hat. Und mit so üppiger Fülle sollten wir einen Novembertag feiern. Mischen Sie dabei ruhig die köstlichen Aromen und Düfte Asiens: Vorweg gibt es warmen Pflaumenwein, als Vorspeise kühle Sushi, dann ein fein gewürztes Schweinefleisch mit edlem Basmatireis. Und zum Abschluss kommt der sanfte Schokoladenkuchen auf den Tisch.

Reinigung und der Weg nach innen

Essen, das von innen reinigt, hat mit heilenden Stoffen in Lebensmitteln zu tun. Es hilft uns, physischen und psychischen Ballast abzuwerfen. Denken Sie nun aber nicht an graue Schlacken, die der Körper wie ein Kohleherd ansammelt und dann nach draußen schaffen muss. Stellen Sie sich lieber eine Gemeinschaft kleinster Lebewesen in Ihrem Inneren vor, die Ihren Darm pflegt, Ihre Haut rein hält und Ihr Gewebe strafft. Sie finden sich schön, strotzen vor Tatkraft, fühlen sich leicht und fröhlich, und zum Dank geben Sie diesen nützlichen Gefährten möglichst gutes Futter. Das ist Nahrung zur Entspannung, keine Diät zum Abnehmen. Ähnlich wie Fasten fördert sie unsere Ruhe, ähnlich wie ein Aufenthalt im Kloster stärkt sie unsere innere Kraft, ähnlich wie ein langer, einsamer Spaziergang weckt sie unseren Sinn für neue Sichtweisen.

Löwenzahnsalat

Für die Frühjahrskur

Für 4 Personen (Rezeptfoto siehe rechts)

Salat: 300 g Löwenzahn * 1 Schalotte * 2 Zweige Salbei
5 EL Olivenöl * 100 ml Gemüsefond (Glas) * 3 EL Balsamessig
2 TL körniger Senf * Salz * Pfeffer aus der Mühle
Croûtons: 200 g Roquefort oder Gorgonzola * einige Stängel Petersilie
50 g weiche Butter * Salz * frisch gemahlener weißer Pfeffer
8 Scheiben französisches Landbrot

Löwenzahn, das herbe Frühlingskraut räumt die Schlacken beiseite, die unseren Körper noch vom langen Winter beschweren, es macht uns frei und leicht. Mit den knusprigen Käsecroûtons als Beilage schmeckt der Löwenzahnsalat besonders mild.

1. Den Löwenzahn putzen, waschen, trocknen und fein schneiden. In eine Schüssel geben.

2. Die Schalotte abziehen und fein zerkleinern. Den Salbei waschen und trockentupfen, die Blättchen von den Stielen zupfen und in Streifen schneiden. Beide Zutaten in 1 Esslöffel heißem Öl braten, bis die Schalotte glasig ist. Zum Löwenzahn geben.

3. Die Pfanne von der Kochstelle nehmen. Für das Dressing den Bratfond mit dem Gemüsefond ablöschen. Den Essig und den Senf unterrühren.

4. Das Dressing etwas abkühlen lassen. Das restliche Öl mit einem Schneebesen unterschlagen und das Dressing über den Löwenzahn gießen. Den Salat mischen, mit Salz und Pfeffer abschmecken und zugedeckt bei Zimmertemperatur ziehen lassen, bis die Knusperbrote zubereitet sind.

5. Den Backofen auf 250 °C (Umluft 220 °C, Gas Stufe 6) vorheizen. Den Käse mit einer Gabel fein zerdrücken. Petersilie waschen, trocknen und fein hacken. Beides mit Butter, wenig Salz und 1 kräftigen Prise Pfeffer vermischen und auf die Brotscheiben streichen.

6. Die Scheiben nebeneinander auf ein Backblech legen und im heißen Backofen auf der mittleren Schiene etwa 10 Minuten backen, bis der Käse leicht gebräunt ist. Sehr heiß zum Salat servieren.

Theas geheimer Tipp

Frühjahrsputz für Ihre Seele ist angesagt: Ehren Sie Laima, die baltische Glücks- und Schicksalsgöttin. Nur wo Laima wohnt, herrschen Glück und Zufriedenheit. Sehen Sie Ihren Organismus als Laimas Haus: Lassen Sie schon morgens nach dem Aufstehen schlimme Träume und traurige Gedanken durch das weit geöffnete Fenster nach draußen strömen, und atmen Sie tief ein: Sie werden den Duft der neu erwachten Natur aufnehmen und positive Kräfte sammeln. Essen Sie wenig, aber regelmäßig über den Tag verteilt fünf kleine Mahlzeiten - möglichst viel Frisches, Vollkorniges und reichlich Kräuter. Und widmen Sie sich in Ihrer Freizeit Dingen, die Sie gerne tun. Meiden Sie alle Zwänge!

Suppe der Demeter
Gibt Kraft aus der Erde

Für 4 Personen

150 g feines Vollkornbrot * 1 große Zwiebel * 1 Bund Suppengrün
1 Bund Schnittlauch * 500 g Tomaten * 2 EL Olivenöl * 3/4 l Gemüsebrühe
100 g Crème fraîche * Salz * Cayennepfeffer

1. Das Brot in kleine Würfel schneiden. Die Zwiebel abziehen und fein hacken. Das Suppengrün putzen, waschen und ebenfalls fein zerkleinern. Den Schnittlauch waschen, trocknen und in feine Röllchen schneiden. Die Tomaten überbrühen, abziehen und würfeln.

2. Das Öl in einem Topf erhitzen. Die Zwiebel darin bei mittlerer Hitze unter Rühren glasig braten. Das Brot und das Suppengrün hinzufügen und unter weiterem Rühren etwa 1 Minute braten, bis das Brot knusprig ist.

3. Die Gemüsebrühe zugießen, aufkochen und die Suppe zugedeckt bei schwacher Hitze 5 Minuten garen.

4. Die Tomaten in die Suppe geben, diese erneut aufkochen und zugedeckt bei mittlerer Hitze 2 bis 3 Minuten kochen lassen, bis die Tomaten gerade eben zerfallen sind.

5. Die Crème fraîche unterrühren, die Suppe mit Salz und Cayennepfeffer kräftig abschmecken. Mit dem Schnittlauch bestreut servieren.

Alle Zutaten für diese Suppe sind wahre Kraftspender: Brot aus dem vollen Korn, Zwiebel und Schnittlauch mit herzstärkenden Ölen, sonnenrote Tomaten mit Krebs abwehrendem Karotin, Öl aus den Früchten des einstmals heiligen Olivenbaumes, Crème fraîche aus dicker Milch, die vielen Völkern als seelische und geistige Nahrung galt, die zur Unsterblichkeit verhalf.

Artischockensuppe

Vertreibt den Winterfrust

Für 4 Personen

1 Zwiebel * 2 Knoblauchzehen * 1 Zitrone

12 kleine spitze Artischocken * 4 EL Olivenöl

800 ml Gemüsefond (Glas) * Salz * frisch gemahlener Pfeffer

1 Stück Pecorino (ca. 30 g) * 1/2 Bund Rauke

Die kleinen Artischockensorten mit den violetten, spitzen Blättern kann man vollständig essen – als feines Süppchen wie hier, als Gemüse mit italienischer Pasta vermischt, als Gratin nach französischer Art.

1. Zwiebel und Knoblauch abziehen und fein zerkleinern. Die Zitrone auspressen.

2. Die Artischocken waschen, die Stiele und die äußeren Blätter zu etwa einem Drittel entfernen. Die harten Spitzen der verbliebenen Blätter abschneiden. Die Artischocken der Länge nach vierteln und die Viertel noch einmal quer teilen.

3. Das Öl in einem Topf erhitzen. Zwiebel, Knoblauch und Artischocken darin bei mittlerer Hitze braten, bis Zwiebel und Knoblauch glasig sind.

4. Zitronensaft und Gemüsefond zugießen, aufkochen und die Suppe zugedeckt bei schwacher bis mittlerer Hitze 5 bis 10 Minuten garen, bis die Artischocken gerade eben weich sind. Mit Salz und Pfeffer abschmecken.

5. Den Pecorino reiben. Die Rauke waschen, trocknen und in feine Streifen schneiden. Die Suppe in vorgewärmte Portionsteller geben. Mit dem Pecorino und der Rauke bestreuen.

Theas geheimer Tipp

Im zeitigen Frühling stehen die Artischocken auf Süditaliens Feldern reif zur Ernte und kommen zuhauf in unsere Gemüseläden. Besorgen Sie sich dann die schönen Disteln. Sie reinigen unseren Körper von innen, stärken die Leber, fördern den Gallenfluss und den Stoffwechsel über die Nieren. Weißmagische Hexen verstärken die Wirkung, indem sie das Süppchen in Keramikgeschirr servieren. Das rustikale, ursprüngliche Material hat die Kraft und das Feuer gespeichert, die unserem Organismus nach dem Winter so wohl tun.

Grüne Kefirsuppe

Mit der Macht der Kräuter

Für 4 Personen (Rezeptfoto siehe unten)

2 Lauchzwiebeln * 100 g gemischte frische Kräuter

(z. B. Petersilie, Schnittlauch, Dill, Kerbel, Borretsch, Zitronenmelisse)

500 g Kefir * 200 g Crème double * 30 g Mehl * 40 g Butter

1 TL Paprikaflocken * Salz * 1 Messerspitze gemahlener Kreuzkümmel

1. Die Lauchzwiebeln putzen, waschen und mit den saftigen grünen Blättern in feine Ringe schneiden. Die Kräuter waschen, trockenschwenken, fein zerkleinern und auf einem Teller beiseite stellen.

2. Den Kefir, die Lauchzwiebeln, die Crème double und das Mehl in einem Topf verrühren. Den Topf auf die Kochstelle setzen und die Mischung unter ständigem Rühren erhitzen und unter weiterem Rühren kochen, bis sie dickflüssig ist.

3. Die Butter in kleine Stücke teilen und mit den Quirlen des Handrührgeräts unter die Suppe rühren. Paprikaflocken und Kräuter mit einem Kochlöffel darunter mischen. Die Suppe mit Salz und Kreuzkümmel abschmecken und ganz heiß servieren.

Denken Sie bei Ihrer Frühjahrskur an die Göttin Hygieia und ihre Begleiterin, die Schlange. So wie das Tier sich häutet, so verjüngt sich Ihre Haut. Kefir und Kräuter helfen dabei, denn sie fördern den Stoffwechsel, pflegen den Darm und sorgen so für Wohlbefinden von innen.

Anti-Stress-Auflauf

Wehrt Nervosität und Aufregung ab

Für 4 Personen (Rezeptfoto siehe links)

2 Sesamvollkornbrötchen (ca. 90 g)

500 g gemischtes Gemüse (Porree, Sellerie, rote und grüne Paprikaschoten)

100 g Champignons * 2 Zwiebeln * 1 Knoblauchzehe

2 EL Pflanzenöl * 1/2 unbehandelte Zitrone * 2 EL Gemüsebrühe

1/2 TK-Packung Erbsen und Karotten (150 g) * 200 g Emmentaler

2 runde Tomaten * 2 Eier * Salz * frisch gemahlener Pfeffer

je 1/4 TL gemahlener Kreuzkümmel und Koriander

1. Die Brötchen in lauwarmem Wasser einweichen. Das Gemüse putzen, waschen, trockenschwenken und fein zerkleinern: Porree in feine Ringe, Sellerie in dünne Stifte, Paprikaschoten in sehr kleine Würfel schneiden. Die Pilze waschen und grob hacken, Zwiebeln und Knoblauch schälen und fein zerkleinern.

2. Das Öl in einer großen Pfanne erhitzen. Das zerkleinerte Gemüse mit Zwiebeln und Knoblauch darin portionsweise bei starker bis mittlerer Hitze unter Rühren jeweils etwa 3 Minuten kräftig anbraten. In eine große Schüssel geben.

3. Die Zitronen waschen und trocknen, die Schale abreiben und auf einem Teller beiseite stellen. Den Saft auspressen und mit der Brühe aufkochen. Erbsen und Karotten darin einmal kräftig aufkochen. Mit der Kochbrühe zum angebratenen Gemüse geben und alles abkühlen lassen, bis es nur noch lauwarm ist.

4. Den Käse reiben, die Tomaten überbrühen, abziehen und in Scheiben schneiden.

5. Die Brötchen aus dem Einweichwasser nehmen, gut ausdrücken und mit einer Gabel fein zerpflücken; zum Gemüse geben. Die Eier, die Hälfte der Käsemenge, die Zitronenschale, Salz, Pfeffer, Kreuzkümmel und Koriander zufügen und alles vermischen.

6. Die Masse in eine Gratinform füllen, mit den Tomaten belegen und mit dem restlichen Käse bestreuen.

7. Den Auflauf in den kalten Backofen auf die mittlere Schiene stellen und bei 200 °C (Umluft 180 °C, Gas Stufe 3–4) etwa 40 Minuten backen.

Dazu passt: Salat

Theas geheimer Tipp

Am besten gelingt der Auflauf mit würzigem Emmentaler. Weißmagische Hexen nehmen am liebsten höhlengereiften Käse. Er schmeckt herzhafter, weil er über Monate die Kraft der Erde speichern konnte. Das werden Sie beim Genuss des Auflaufs spüren. Achten Sie auch auf die richtige Reibe: Scharf muss sie sein, damit der Käse sauber zerteilt wird. Und vermengen Sie die Teigzutaten mit den Händen – dann mischen Sie auch Ihre eigene Kraft in das Essen.

Ruhe können Sie buchstäblich essen: Kreuzkümmel und Koriander helfen gegen Monatsschmerzen und lindern Verkrampfungen. Tomaten wirken positiv auf das Immunsystem, Erbsen liefern Energie, Möhren sorgen für einen starken Verdauungstrakt.

Oliven-Hexentarte

Dank der Hexe an Mutter Natur

Für 4 Personen (Rezeptfoto siehe rechts)

Teig: 250 g Weizenvollkornmehl * Salz * 1/2 Päckchen Trockenhefe

1/2 TL Zucker * 1 Ei * Mehl für die Arbeitsfläche

Belag: 2 Gemüsezwiebeln (ca. 500 g) * 4 Knoblauchzehen

8 EL Olivenöl * Saft und abgeriebene Schale von 1/2 Zitrone

Salz * Cayennepfeffer * 1 EL getrocknete Kräuter der Provence

200 g Kirschtomaten * Fett für die Form * 200 g entsteinte schwarze Oliven

Gute Hexentorten gelingen nur mit frischem Mehl. Deshalb sollten Sie das Getreide entweder selbst mahlen oder in einem Naturkostladen mahlen lassen, in dem Sie gerne und oft einkaufen, in dem Sie wertvollen Rat bekommen und gute Gespräche führen können.

1. Vollkornmehl, Salz, Hefe, Zucker und Ei in einer Schüssel vermischen. Nach und nach 4 bis 6 Esslöffel lauwarmes Wasser dazugeben. Alles mit den Knethaken des Handrührgeräts etwa 5 Minuten durchrühren, bis der Teig Blasen bildet.

2. Die Arbeitsfläche dünn mit Mehl bestreuen und den Teig darauf mit den Händen etwa 5 Minuten kräftig durchkneten. Den Teig zugedeckt bei Zimmertemperatur etwa 1 Stunde ruhen lassen, bis sich das Teigvolumen verdoppelt hat.

3. Inzwischen die Zwiebeln und den Knoblauch abziehen. Zwiebeln in Ringe schneiden, den Knoblauch hacken. Beide Zutaten im heißen Olivenöl bei schwacher Hitze in etwa 15 Minuten weich und glasig braten.

4. Die angebratenen Zwiebeln mit Zitronensaft und -schale, Salz und 1 kräftigen Prise Cayennepfeffer würzen. Die Kräuter untermischen. Die Kirschtomaten überbrühen, abziehen und halbieren.

5. Eine gefettete Springform mit dem Teig auslegen, dabei einen kleinen Rand formen. Die Zwiebeln auf dem Teig verteilen. Mit den Oliven und den Kirschtomaten belegen.

6. Den Kuchen in den kalten Backofen auf die mittlere Schiene stellen und bei 180 °C (Umluft 160 °C, Gas Stufe 2–3) etwa 40 Minuten backen.

Theas geheimer Tipp

Im September, wenn uns die schönste Herbstsonne sanfte Wärme schenkt, wenn der Himmel in seinem klarsten Blau erstrahlt, gebührt den Kräften der Natur Dank für die Fülle des Jahres. Es ist Erntezeit, und wir Hexen feiern den 21. September mit einer Tarte aus dem vollen Getreidekorn und Oliven, die zu den ältesten Früchten zählen, die der Mensch genießen durfte.

Maisbrei der Navajos

Für alle guten Gedanken

Für 4 Personen

50 g junger Parmesan * 1 Bund Basilikum * 2 Flaschentomaten
100 g Schalotten * 4 EL Olivenöl * 1 TK-Packung dicke Bohnen (300 g)
100 g Crème fraîche * Salz * frisch gemahlener Pfeffer
1 TL Gemüsebrühe-Extrakt * 200 g Instant-Polenta * 50 g Butter

1. Parmesan reiben. Basilikum waschen, trocknen, die Blättchen abzupfen und zerkleinern. Beide Zutaten auf Tellern beiseite stellen.

2. Die Tomaten überbrühen, abziehen und in Scheiben schneiden. Die Schalotten ebenfalls abziehen und grob zerkleinern.

3. In einem Schmortopf 3 Esslöffel Öl erhitzen. Schalotten und dicke Bohnen darin anbraten. Die Crème fraîche, Salz und Pfeffer zugeben und zugedeckt bei mittlerer bis schwacher Hitze 5 Minuten garen. Tomaten untermischen, alles aufkochen und etwa 5 Minuten garen, bis die Bohnen weich sind.

4. Den Brühe-Extrakt mit 1 Liter Wasser aufkochen. Die Polenta unterrühren, erneut zum Kochen bringen und zugedeckt bei schwächster Hitze 5 Minuten garen; dabei immer wieder umrühren.

5. Butter, Käse, etwa die Hälfte des Basilikums und restliches Öl unter die Polenta rühren. Polenta und Bohnen auf heißen Tellern anrichten. Den Rest des Basilikums auf die Bohnen streuen.

Bei den nordamerikanischen Indianern wurde die Göttin Estanatlehi als Herrscherin des westlichen Reiches verehrt: Aus Maismehl und Staub von ihren Brüsten schuf sie die Stammeltern der Navajos. Und sie schickte den Menschen nur Gutes, während Verderben, Krankheit und Krieg aus dem Osten kamen.

Heilende Kohlrouladen

Für gutes Blut

Für 6 Personen

200 g Vollkornbulgur * 400 ml Gemüsefond (Glas) oder Gemüsebrühe

600 g Tomaten * 1 Zwiebel * je 1 Bund Schnittlauch und Petersilie

80 g Bergkäse * Salz * frisch gemahlener Pfeffer

geriebene Muskatnuss * 1 Weißkohl (ca. 1 kg)

2 EL Öl * 150 g Sahne * 1 TL Mehl

Vollkornbulgur schmeckt viel herzhafter und liefert mehr gesunde Ballaststoffe als heller Bulgur. Türkische Supermärkte bieten das geschrotete Getreide in großer Auswahl an.

1. Für die Füllung Bulgur in einem Sieb heiß abspülen, mit Fond oder Brühe verrühren und 10 Minuten zugedeckt quellen lassen.

2. Die Tomaten überbrühen, abziehen und in kleine Würfel schneiden, die Zwiebel schälen und hacken, Schnittlauch und Petersilie fein zerkleinern. Käse reiben. Ein Drittel der Tomatenwürfel, der Hälfte der Kräuter, der Hälfte des Käses, Salz, Pfeffer und Muskat unter den Bulgur mischen.

3. Weißkohl putzen, welke Blätter entfernen und den Strunk herausschneiden. Den Kohlkopf in sprudelnd kochendem Wasser 5 bis 6 Minuten kochen lassen, bis die äußeren Blätter so weich sind, dass man sie ablösen und leicht aufrollen kann. Weißkohl herausnehmen und zwölf Blätter ablösen.

4. Kohlkopf wieder in das kochende Wasser geben und weitere 5 Minuten garen. Herausnehmen, abtropfen lassen, halbieren und die Reste des Strunks herausschneiden. Den Kohl fein zerkleinern und unter den Bulgur mischen.

5. Die dicken Rippen der abgelösten Kohlblätter flach schneiden. 6 größere Blätter nebeneinander auf der Arbeitsfläche ausbreiten, restliche Kohlblätter darauf legen, salzen. Die Füllung auf dem Kohl verteilen, Blätter an den Seiten einschlagen, wie Rouladen aufrollen und mit Küchengarn umbinden.

6. Das Öl in einem Schmortopf erhitzen, die Kohlrouladen darin bei mittlerer Hitze rundherum kräftig braun anbraten. Die restlichen Tomatenwürfel und 1/8 Liter Wasser zugeben. Die Rouladen im offenen Schmortopf in den kalten Backofen auf die untere Schiene stellen, auf 190 °C (Umluft 170 °C, Gas Stufe 3) schalten und die Rouladen etwa 30 Minuten garen.

7. Rouladen herausnehmen und in eine flache Gratinform legen. Mit dem restlichen Käse bestreuen, wieder in den Backofen schieben und überbacken, bis der Käse leicht gebräunt ist.

8. Die Flüssigkeit aus dem Schmortopf in einen kleinen Topf umgießen. Sahne mit Mehl verrühren und zur Schmorflüssigkeit geben. Unter Rühren aufkochen und bei starker Hitze cremig einkochen lassen. Kohlrouladen mit der Sauce umgießen und mit den restlichen Kräutern bestreuen.

Theas geheimer Tipp

Weißmagische Hexen schwören auf die Heilwirkung von Kohl: Das Gemüse lässt unser Blut leichter fließen, bewahrt uns vor Schlaganfällen und Bluthochdruck – Leiden, die heutzutage immer mehr Frauen betreffen.

Senfgemüse der Carna

Für starke Lungen

Für 4 Personen (Rezeptfoto siehe unten)
750 g gemischtes Gemüse (Zucchini, Schmorgurken, Kürbis und Lauchzwiebeln)
2 Knoblauchzehen * 3 EL Sonnenblumenöl
1 schwach gehäufter EL Vollkornweizen- oder Dinkelmehl
1/4 l fettarme Milch * 1/2 TL Gemüse- oder Fleischbrühe-Extrakt
100 g Schmand * 2 EL scharfer Senf * Salz * 1/2 Kästchen Kresse

1. Das Gemüse putzen, waschen und in Stücke schneiden. Kerne von Gurken und Kürbis entfernen. Knoblauch abziehen und fein zerkleinern.

2. Das Öl erhitzen. Gemüse und Knoblauch darin bei mittlerer Hitze leicht braun anbraten. Das Mehl darüber streuen und unter Rühren hellgelb anrösten.

3. Die Milch langsam zugießen und dabei rühren, bis die Sauce glatt ist. Den Brühe-Extrakt zugeben und die Sauce zugedeckt bei schwacher Hitze 5 Minuten kochen lassen. Dabei gelegentlich umrühren.

4. Schmand und Senf untermischen, das Gemüse mit Salz abschmecken. Die Kresse vom Beet schneiden und unmittelbar vor dem Servieren unter das Gemüse mischen.

Dazu passen: Pellkartoffeln oder Dinkelfrikadellen (Rezept Seite 114)

Über die heilsame Wirkung scharfer Pflanzenöle wussten heilkundige Frauen und Ärztinnen immer Bescheid: Im alten Ägypten wurde Senf bei Erkrankungen der Atemwege verordnet, in der asiatischen Medizin behandelt man Bronchitis und Asthma damit. So ist Senf seit Urzeiten mit freundlichen Geistern verbunden, und noch heute nennen die Schweizer gute Zwerge zärtlich »Senfchörnli«. Der römischen Göttin Carna opfert man am 1. Juni, um ihren Beistand für körperliches Wohlbefinden zu erbitten.

Apfelgratin »Avalon«

Für die Kraft der Jugend

Für 4 Personen (Rezeptfoto siehe rechts)
Kartoffelfrikadellen: 1 kg mehlig kochende Kartoffeln
200 ml Milch * 50 g Butter * Salz * 2 Eier
frisch gemahlener Pfeffer * geriebene Muskatnuss
Gratin: 400 g säuerliche Äpfel (Boskoop, Gravensteiner oder Glockenapfel)
Saft von 1 kleinen Zitrone * 250 g Crème fraîche
Außerdem: 2 EL Mehl * Öl zum Braten

Idun, die germanische Göttin der Jugend, war Hüterin des Apfelbaums. Seinen goldenen Früchten verdankten die Asen, die Götter der Germanen, dass sie niemals älter wurden. Doch als der Riese Thiassi die schöne Idun entführte, war der Bann gebrochen. Erst als der listige Loki sich auf die Suche nach Idun machte und sie befreien konnte, kehrte auch die immer währende Jugend zu den Himmlischen zurück.

1. Für die Pflänzchen die Kartoffeln schälen, waschen und würfeln. Mit Milch, Butter und 1 kräftigen Prise Salz in einen Topf geben, einmal aufkochen und zugedeckt bei schwacher Hitze weich kochen.

2. Die Kartoffeln in eine Schüssel geben und mit einer Gabel oder dem Kartoffelstampfer zu feinem Püree zerdrücken. Die Eier mit Pfeffer und Muskat verquirlen, zugeben und alles gut mischen. Das Püree abkühlen lassen.

3. Äpfel schälen, Kerngehäuse mit einem Apfelausstecher entfernen. Die Äpfel auf dem Gurkenhobel in dünne Scheiben hobeln und schuppenförmig in eine ofenfeste Form mit niedrigem Rand geben. Den Zitronensaft darüber träufeln. Die Crème fraîche über den Äpfeln glatt streichen.

4. Das Gratin in den kalten Backofen auf die mittlere Schiene stellen, auf 200 °C (Umluft 180 °C, Gas Stufe 3–4) schalten und das Gratin etwa 30 Minuten backen, bis es oben schön gebräunt und die Flüssigkeit aufgesogen ist.

5. Während das Gratin backt, aus dem Kartoffelteig 8 bis 12 Frikadellen formen und in Mehl wenden. Öl in einer großen Pfanne erhitzen. Die Frikadellen darin portionsweise bei mittlerer Hitze in etwa 5 Minuten pro Seite knusprig braten.

Theas geheimer Tipp

Äpfel sind wahre Wundermittel, denn sie stammen aus dem Paradies. Denken Sie an das keltische Reich Avalon, das Reich des Glücks, der Jugend und der Liebe. Dort waren Äpfel das wichtigste Geschenk, ein Kranz aus Apfelblüten der schönste Schmuck. Heute nutzen wir die Kraft der Äpfel für unsere Gesundheit – eine einzige Frucht pflegt unseren Darm, reguliert den Fettstoffwechsel, senkt Cholesterin und kann mehr als die Hälfte unseres täglichen Bedarfs an Vitamin C decken.

Dinkelfrikadellen

Mit der Kraft des vollen Korns

Für 4 Personen

1 Dinkelbrötchen * 1 Zwiebel * 2 EL Öl

250 g Dinkelschrot oder Dinkelbulgur * 1 l Gemüsebrühe

1 Bund Petersilie * 2 Eier * Salz * frisch gemahlener Pfeffer

1 Messerspitze gemahlene Muskatblüte (Macis)

abgeriebene Schale von 1 unbehandelten Zitrone

2 EL Semmelbrösel

Egal ob Sie lieber milden Dinkel oder kräftigen Grünkern essen – die positive Wirkung auf den Stoffwechsel bleibt dieselbe. Denn beide Produkte stammen von einer Pflanze: Es ist Dinkelgetreide, das in seinen großen Körnern noch mehr Erdkräfte und Sonnenlicht speichert als sein Verwandter, der Weizen.

1. Dinkelbrötchen in lauwarmem Wasser einweichen. Die Zwiebel abziehen, fein hacken. In einem größeren Topf 1/2 Esslöffel Öl erhitzen, die Zwiebel darin bei schwacher Hitze glasig braten. Schrot oder Bulgur unter Rühren kurz mitrösten.

2. Die Brühe zugießen, aufkochen, und das Getreide zugedeckt bei schwacher Hitze 10 Minuten garen. Den Brei auf der abgeschalteten Herdplatte eine Stunde quellen und dabei abkühlen lassen.

3. Inzwischen das Brötchen aus dem Wasser nehmen und gut ausdrücken. Die Petersilie waschen, trockentupfen und fein hacken.

4. Dinkelbrei mit Brötchen, Petersilie, Eiern, Salz, 1 kräftigen Prise Pfeffer, Muskatblüte und der abgeriebenen Zitronenschale vermischen.

5. In einer beschichteten Pfanne das restliche Öl erhitzen. Aus dem Teig mit angefeuchteten Händen 16 Frikadellen formen, in den Semmelbröseln wenden und portionsweise bei mittlerer bis schwacher Hitze auf der Unterseite etwa 10 Minuten braten, bis sie sich leicht vom Pfannenboden lösen.

6. Die Dinkelfrikadellen wenden und auf der zweiten Seite weitere 6 bis 8 Minuten braten.

Dazu passt: Senfgemüse (Rezept Seite 111)

Theas geheimer Tipp

Verschlungene Pfade führen durch unsere Seele, und wenn Sie sich auf die Reise dorthin begeben, brauchen Sie die richtige Wegzehrung. Und damit Sie sich leicht und fröhlich auf Ihrer Wanderung bewegen können, gönnen Sie sich kräftige Dinkelfrikadellen. Denn schon die heilige Hildegard, die Powerfrau des Mittelalters, empfiehlt Dinkel als perfektes Getreide, weil es von innen wärmt, ohne zu belasten.

Risotto der Kleopatra

Götterkorn für den Weg nach innen

Für 4 Personen (Rezeptfoto siehe unten)

250 g Kamutkörner * Salz * 2 reife Tomaten * 1 Zwiebel

1 Bund Basilikum * 2 EL Olivenöl * 1 Packung TK-Suppengemüse (450 g)

100 g Crème fraîche * frisch gemahlener Pfeffer

1. Den Kamut mit 1/2 Liter Wasser übergießen und 1 Stunde quellen lassen. Salz zugeben, den Kamut aufkochen und zugedeckt bei schwächster Hitze in 1 Stunde garen.

2. Die Tomaten überbrühen, abziehen und würfeln, die Zwiebel abziehen und hacken. Das Basilikum waschen, trockentupfen, die Blättchen abzupfen und in feine Streifen schneiden.

3. Das Öl in einer Pfanne erhitzen. Die Zwiebel darin glasig braten. Tomatenwürfel, Suppengemüse, Kamut und Crème fraîche zugeben und alles aufkochen.

4. Alles zugedeckt bei schwacher Hitze etwa 10 Minuten garen, bis das Gemüse weich ist. Mit dem Basilikum mischen, mit Salz und Pfeffer abschmecken.

In den Gräbern ägyptischer Pharaonen hat man seltsame weizenähnliche Körner gefunden und sie Kamut, »die Seele der Erde« genannt. Küchenhexen kombinieren Kamut mit Tomaten, den »Paradiesäpfeln«, und Basilikum, dem Kraut der Kaiser. So bildet der Risotto die ideale Nahrung für die meditativen Phasen Ihres Lebens.

Fruchtige Sommerlotte

Unterstützt die spirituelle Energie

Für 4 Personen (Rezeptfoto siehe unten)

1 Limette * 400 g Seeteufelfilet (Lotte) * frisch gemahlener schwarzer Pfeffer
2 kleine Zucchini * 1 reifer Pfirsich * 1 Fleischtomate * 1 Bund Schnittlauch
1/2 Bund Koriandergrün * Salz * 5 EL Erdnussöl

Bauen Sie den Tisch für Ihr sommerliches Mahl im Freien vor zwei großen Bäumen auf. Dahinter spannen Sie eine Hängematte, die Sie mit Zweigen, Gräsern, Schilf, Ranken und Hängepflanzen dekorieren. Sie werden die Energie der Pflanzen spüren und für sich nutzbar machen können.

1. Den Backofengrill auf der mittleren Schaltstufe oder den Backofen auf 220 °C (Umluft 200 °C, Gas Stufe 4–5) vorheizen.

2. Die Limette auspressen. Die Fischfilets kalt abspülen und trockentupfen. Mit 2 Esslöffeln Limettensaft beträufeln, mit reichlich Pfeffer würzen und zugedeckt 10 Minuten ziehen lassen.

3. Inzwischen die Zucchini waschen, putzen und in Stifte schneiden. Den Pfirsich überbrühen, abziehen und das Fruchtfleisch würfeln. Die Tomate waschen und ebenfalls würfeln. Schnittlauch und Koriander waschen, trockentupfen und fein schneiden.

4. Alle diese Zutaten in einer Schüssel mit dem restlichen Limettensaft, Salz, Pfeffer und 3 Esslöffeln Öl mischen.

5. Die Fischfilets salzen, mit dem restlichen Öl bestreichen und unter den heißen Grill schieben. 5 bis 7 Minuten grillen, bis die Filets leicht gebräunt und gerade eben durchgegart sind. Zum Salat servieren.

Fisch piroschki

Für Stärkung vor dem Sturm

Für 8 Personen

Teig: 500 g Vollkornmehl * 1/2 TL Zucker * 1 Päckchen Trockenhefe

1 TL Salz * etwa 1/4 l Milch * 50 g Butter * Mehl für die Arbeitsfläche

Füllung: 500 g gemischtes Gemüse (Möhren, Kohlrabi und Zucchini)

2 kleine Zwiebeln * 2 EL Öl * 500 g Goldbarschfilet

2 Eier * 2 EL Semmelbrösel * 2 EL saure Sahne * Salz

frisch gemahlener Pfeffer * 250 g Lachsfilet

2 EL Zitronensaft * 1 Bund Rauke

Außerdem: 1 Eigelb * 2 EL Milch

1. Vollkornmehl mit Zucker, Hefe und Salz in einer Schüssel vermischen. Die Milch mit der Butter lauwarm erhitzen, zugeben und alles mit den Knethaken des Handrührgeräts etwa 5 Minuten durchrühren, bis der Teig Blasen bildet.

2. Die Arbeitsfläche dünn mit Mehl bestreuen und den Teig darauf mit den Händen etwa 5 Minuten kräftig durchkneten.

3. Den Teig zugedeckt bei Zimmertemperatur etwa 1 Stunde ruhen lassen, bis sich das Teigvolumen verdoppelt hat.

4. Inzwischen das Gemüse putzen, waschen und fein zerkleinern. Die Zwiebeln abziehen und fein hacken. Mit dem Gemüse im heißen Öl bei mittlerer bis starker Hitze unter Rühren schmoren, bis die Flüssigkeit, die sich bildet, wieder verdampft ist. Abkühlen lassen.

5. Das Goldbarschfilet im Blitzhacker zerkleinern. Mit der Gemüsemischung, Eiern, Semmelbröseln und saurer Sahne vermischen, mit Salz und Pfeffer sehr kräftig abschmecken.

6. Den Lachs von allen Gräten befreien und in etwa fingerbreite Streifen schneiden. Mit Zitronensaft beträufeln. Die Rauke waschen, trocknen und in feine Streifen schneiden.

7. Den Hefeteig in ein größeres und ein kleineres Stück teilen. Jedes Stück auf Mehl zu einer ovalen, etwa 1/2 Zentimeter dicken Platte ausrollen.

8. Die kleinere Platte auf ein gefettetes Backblech legen und mit der Hälfte der Fischfüllung belegen. Die Lachsstreifen darauf in Längsrichtung verteilen, mit Salz und Pfeffer würzen und mit der Rauke bestreuen. Den Rest der Fischfüllung über dem Lachs glatt streichen.

9. Die zweite Teigplatte darauf legen und rundherum an den Seiten mit den Zinken einer Gabel fest andrücken. Das Eigelb mit Milch verrühren, die Pirogge damit bestreichen.

10. Die Pirogge zugedeckt 30 Minuten ruhen lassen. In den kalten Backofen auf die untere Schiene schieben und bei 180 °C (Umluft 160 °C, Gas Stufe 2–3) etwa 1 Stunde backen.

Samain am 31. Oktober ist ein wildes Fest und eines der größten im Hexenkalender. Für die Kelten war es der Beginn des neuen Jahres; in der Nacht besuchten Geister und Tote die Welt der Menschen.

Lammcurry »Nirwana«

Nimmt die Erdenschwere

Für 4 Personen (Rezeptfoto siehe rechts)

4 Lammhachsen (à ca. 350 g) * Salz * Cayennepfeffer
500 g rote Zwiebeln * 4 mittelgroße runde Tomaten
1 Knoblauchzehe * 1 kleine Zitrone * 200 g griechischer Sahnejoghurt
je 1 TL Ingwer-, Kreuzkümmel- und Korianderpulver
1/2 TL gemahlene Kurkuma (Gelbwurz) * 2 EL Öl * einige Stängel Petersilie

Ingwer, Kurkuma und Koriander enthalten wichtige Pflanzenwirkstoffe: In Asien setzt man die Gewürze gegen Krebs erregende Substanzen ein, kuriert Rheuma, Muskel- und Zahnschmerzen damit. Und Ingwer hilft sogar gegen Seelenpein.

1. Die Lammhachsen rundherum mit Salz und Cayennepfeffer würzen. Die Zwiebeln abziehen und getrennt grob zerkleinern. Die Tomaten überbrühen, abziehen und grob würfeln.

2. Den Knoblauch ebenfalls abziehen und fein hacken. Die Zitrone auspressen. Joghurt mit Knoblauch, Zitronensaft und allen Gewürzen verrühren.

3. Das Öl in einem Bräter erhitzen. Die Lammhachsen darin bei starker Hitze rundherum kräftig braun anbraten. Die Hachen herausnehmen.

4. Die Zwiebeln in den Bräter geben und bei schwacher Hitze unter ständigem Rühren glasig braten.

5. Die Joghurtmischung zugeben und unter häufigem Rühren bei starker bis mittlerer Hitze dickflüssig einkochen.

6. Die Tomaten untermischen, die Lammhaxen wieder in den Bräter legen. Das Curry einmal aufkochen und zugedeckt bei schwacher Hitze etwa 1 1/2 Stunden schmoren.

7. Die Petersilie waschen, trocknen und fein hacken. Das Curry mit Salz und Cayennepfeffer abschmecken und mit der Petersilie bestreuen.

Dazu passt: Reis

Theas geheimer Tipp

Bitten Sie zu diesem Essen Freundinnen, die über Antriebsschwäche klagen. Fassen Sie einander zu Beginn des Mahles an den Händen: Gemeinsam werden Sie die Kraft der asiatischen Gewürze dann noch stärker empfinden, die Reinigungswirkung von Joghurt spüren. Sie werden die süße Fruchtigkeit von Tomaten und Zwiebeln genießen. All das verhilft Ihrer Seele zu neuem Schwung.

Teecreme »cha-dõ«
Ideal für die Frühjahrskur

Für 4 Personen

5 EL grüne Teeblätter * 1/4 l Milch * 1/2 Vanilleschote

1 Prise Salz * 4 frische Eier * 60 g brauner Zucker

1 EL Zitronenlikör oder Zitronensaft * 1/2 TL abgeriebene Zitronenschale

30 g Mehl * 1 TL Speisestärke * 125 g Sahne * 4 schöne Minzeblättchen

Grüner Tee enthält noch Gerbstoffe, Vitamin C und Bioaktiv-Stoffe, die beim schwarzen Tee durch die Fermentierung verloren gegangen sind. So wirkt er gegen hohen Blutdruck, senkt den Cholsterinspiegel und lässt das Blut leichter fließen.

1. Die Teeblätter in eine große Schale geben. 1/8 Liter Wasser auf etwa 60 °C erhitzen, die Teeblätter damit übergießen und zugedeckt 3 Minuten ziehen lassen. Abgießen und mit der Milch in einen Topf geben.

2. Die Vanilleschote längs aufschneiden, Mark herauskratzen und mit dem Salz zur Teemilch geben. Bis knapp unter den Siedepunkt erhitzen und heiß halten.

3. Die Eier trennen. Die Eigelbe in einem anderen Topf mit Zucker, Likör oder Saft und Zitronenschale sehr schaumig schlagen. Das Mehl mit der Speisestärke gemischt unterrühren.

4. Den Topf mit der Eiercreme auf die Kochstelle setzen, die Teemilch unter ständigem Schlagen mit dem Schneebesen dazugießen, dabei die Vanilleschote entfernen. Die Creme einmal aufkochen und dabei mit einem Kochlöffel rühren.

5. Den Topf in eine Schüssel mit kaltem Wasser und Eiswürfeln stellen und die Creme rühren, bis sie kalt ist.

6. Eiweiß und Sahne getrennt steif schlagen und unter die Teecreme ziehen. Bis zum Servieren mindestens 2 Stunden kühl stellen. Mit der Minze garniert anrichten.

Theas geheimer Tipp

Seit der Mensch Tee trinkt, sucht er nach einem Gefäß, das dem edlen Getränk in Form und Material am meisten entspricht. Lu Yu, chinesischer Dichter, der 780 n. Chr. das erste grundlegende Werk über Tee verfasst hat, empfiehlt eine hohe Kanne, ähnlich dem Weinkrug. Weiße Trinkschalen lehnt er ab, denn der Tee nehme darin eine unappetitliche Farbe an. Eine blaue Glasur dagegen hält er für ideal: sie harmoniere mit dem Grün des Tees. Darin servieren weißmagische Hexen auch alles, was sie aus grünem Tee zubereiten. Denn das Blau der geistigen Welt ergänzt sich vortrefflich mit dem Grün der Hoffnung auf Licht und Liebe.

Happy Hippie Haferbrei
Für neuen Mut

Für 4 Personen (Rezeptfoto siehe unten)
1/2 l Milch * 1 EL Rohr- oder Rübenzucker * 1 Prise Salz
1 TL abgeriebene Orangenschale * 60 g kernige Haferflocken
2 EL Cashewnusskerne * 1 EL Butter * 1 große Orange
2 Äpfel * 1 reife Banane * 2 EL Rosinen * 100 g Sahne
2 EL flüssiger Honig oder Ahornsirup

1. Die Milch mit Zucker, Salz und Orangenschale aufkochen. Die Haferflocken unterrühren, erneut aufkochen und zugedeckt bei schwächster Hitze 30 Minuten garen.

2. Inzwischen die Cashewnusskerne fein hacken, in der heißen Butter rösten und auf vier tiefe Teller verteilen.

3. Die Orange schälen und in Stücke schneiden. Die Äpfel schälen oder gründlich waschen, vierteln, vom Kerngehäuse befreien und grob raspeln. Die Banane schälen und grob zerdrücken.

4. Das Obst und die Rosinen auf den Nüssen verteilen. Zuerst den heißen Haferbrei, dann die Sahne und zuletzt Honig oder Sirup darüber geben.

Pferde, die der Hafer sticht, wollen ausbrechen. Nutzen Sie die Wirksamkeit des vollen Haferkorns für neuen Schwung im Leben. Hafer reinigt von inneren Schlacken, belebt den gesamten Organismus und macht fröhlich. Deshalb setzen weißmagische Hexen ihn als Zaubermittel nicht nur bei körperlichem Unwohlsein, sondern auch zur Linderung von Kummer ein.

Heidelbeertraum

Feiert den Höhepunkt des Sommers

Für 16 Stücke (Rezeptfoto siehe rechts)

250 g Weizenvollkornmehl * 20 g Hefe

150 g Rohr- oder Rübenzucker * 150 ml lauwarme Milch

50 g Pflanzenmargarine * 1 Ei * abgeriebene Schale von 1/4 unbehandelten Zitrone

1 Prise Salz * Mehl für die Arbeitsfläche * Fett für die Form

750 g Heidelbeeren * 100 ml Sahne * 1 Eigelb

Heidelbeeren schützen Ihren Körper vor ungebetenen Gästen, die Sie in Darm und Harnwegen quälen: Die Gerbstoffe der Beeren hemmen die Ausbreitung von Bakterien und lassen Entzündungen schneller heilen.

1. Mehl in eine Schüssel geben und eine Mulde hineindrücken. Zerbröckelte Hefe mit 1 Teelöffel Zucker, 3 Esslöffeln Milch und etwas Mehl vom Rand in der Mulde verrühren, bis sie sich aufgelöst hat. Den Vorteig zugedeckt bei Zimmertemperatur 15 Minuten gehen lassen.

2. Restliche Milch mit der Margarine leicht erwärmen, bis das Fett geschmolzen ist. Den Vorteig mit dem gesamten Mehl verrühren. Milchmischung, Ei, 2 Esslöffel Zucker, Zitronenschale und Salz zugeben.

3. Teig mit den Knethaken des Handrührgeräts etwa 5 Minuten durchrühren, bis er sich vom Schüsselrand löst. Zugedeckt etwa 1 Stunde gehen lassen, bis sich das Volumen des Teigs etwa verdoppelt hat.

4. Den Teig auf einer bemehlten Arbeitsfläche durchkneten. Eine gefettete Backform von 28 Zentimeter Durchmesser damit auslegen und den Teig weitere 15 Minuten gehen lassen.

5. Inzwischen die Heidelbeeren in einer Schüssel mit kaltem Wasser waschen und in einem Sieb gut abtropfen lassen.

6. Die Sahne mit dem Eigelb und dem restlichen Zucker verrühren. Die Heidelbeeren auf dem Kuchenboden verteilen und mit der Sahne begießen.

7. Den Kuchen in den kalten Backofen auf die mittlere Schiene stellen und bei 180 °C (Umluft 160 °C, Gas Stufe 2–3) etwa 50 Minuten backen.

Theas geheimer Tipp

Feiern Sie den späten Sommer mit diesem Kuchen und stellen Sie einen dicken Strauß mit Sonnenblumen, Rittersporn und Heidelbeerzweigen dazu. Diese Blumen feiern den Hochsommer mit einem Farbenrausch und stecken voller Symbolik: Strahlende Sonnenblumen galten als Abbilder der göttlichen Fackel am Himmel. Stahlblauer Rittersporn zeigt uns die Ungebundenheit unserer Gedanken. Heidelbeeren führen uns zu den Edelsteinchen, die unsere Phantasie für uns bereithält: Nach alter Überlieferung wachsen die Pflanzen vor den Wohnungen der Zwerge, die geheime Schätze hüten.

Licht-und-Liebe-Creme

Nährt gute Geister

Für 4 Personen

1 kleine unbehandelte Zitrone * 300 g Magerjoghurt

1 Päckchen Sahnepuddingpulver * 75 g Zucker

1 EL Vanillezucker * 1 Prise Salz * 3 reife Pfirsiche

4 EL Cassis (schwarzer Johannisbeerlikör) oder Orangenlikör

200 g Sahne * 2 EL Schokoladenraspel

1. Die Zitrone waschen und abtrocknen. Etwa ein Drittel der Schale fein abreiben. Den Saft auspressen und mit dem Joghurt in einen Kochtopf geben. Puddingpulver, Zitronenschale, Zucker, Vanillezucker und Salz zugeben und alles kräftig verrühren.

2. Den Topf auf die Kochstelle setzen, Joghurt unter ständigem Rühren erhitzen und aufkochen, bis er dick wie Pudding ist. In eine Schüssel geben und unter häufigem Umrühren abkühlen lassen.

3. Die Pfirsiche mit kochendem Wasser übergießen, die Haut abziehen, Fruchtfleisch halbieren, entsteinen und in Stücke schneiden. In eine Schüssel geben und mit dem Likör beträufeln.

4. Die Sahne steif schlagen und unter die Joghurtcreme ziehen. Die Creme über die Pfirsichstücke geben und zugedeckt mindestens 2 Stunden kühl stellen. Mit den Schokoladenraspeln bestreut servieren.

Einst wurde körperliche und seelische Reinigung als Vorstufe zur Begegnung mit der Gottheit verstanden. Weißmagische Hexen fühlen sich dieser Tradition verbunden. Sie nutzen die Reinigungswirkung von Joghurt und frischem Obst, um die spirituelle Energie zu fördern, das Hier und Jetzt zu überdenken, Licht und Liebe in die Zukunft zu tragen.

Die magische Bedeutung
der Lebensmittel

Apfel: Direkt vom Baum der Erkenntnis kommt diese magischste aller Obstsorten, Sinnbild für Fruchtbarkeit und Liebe. Quer durchgeschnitten, bildet das Kerngehäuse ein Pentagramm, das Zeichen für Schutz.

Artischocke: Regt Stoffwechsel die Verdauung an. Im Ganzen gekocht und serviert ist sie eine ideale Vorspeise für einen sinnlichen Abend: Man isst mit den Fingern, zupft Blatt für Blatt ab, taucht es in einen Dip und zieht mit den Zähnen das Fruchtfleisch ab.

Basilikum: In Indien, der Heimat dieses Krauts, ist es den Hindus heilig. Wenn diese einen Eid leisten, schwören sie auf »Tulsi«, wie es bei ihnen genannt wird. Im Mittelalter benutzte man »Basilikon« (das bedeutet »königlich« von Basileus = der Herrscher) als Schutzkraut gegen Dämonen und verwendete es für die Herstellung von Weihwasser.

Brunnenkresse: Dieses vitaminreiche Kräutchen sollten Sie nur bis Mai in klaren Quellbächen sammeln. Danach reizt es die Nieren zu stark. Seine Senföle stärken das Immunsystem und wirken sehr anregend.

Ei: Seit Jahrtausenden das Symbol für das Leben, für Fruchtbarkeit, Schöpfungskraft, Schutz und Heilung.

Erdbeere: Bereits im dunklen Mittelalter galt die Walderdbeere als Schutzmittel gegen Gifte aller Art. Küchenhexen schätzen sie aber vor allem wegen ihres sinnlichen Aussehens.

Erdnuss: Als Symbol der weiblichen Fruchtbarkeit stehen alle Hülsenfrüchte für innere Ruhe.

Estragon: Sein lateinischer Name »dracunculus« bedeutet »kleiner Drache«. So hat man ihn wegen des durchdringenden, feurigen Geschmacks und seiner schlangenförmigen Blätter und Wurzeln genannt. Und deshalb glaubte man früher auch, Schlangenbisse mit ihm heilen zu können.

Feige: Die hocherotische Frucht wird in der Mythologie mit den weiblichen Genitalien gleichgesetzt. Zur Steigerung der Fruchtbarkeit wurde das Königspaar mit dem Ast eines Feigenbaums an den Geschlechtsteilen berührt.

Fenchel: Ein Gemüse, das schlank macht und Kraft gibt. Krieger aßen vor einem Kampf Fenchel, um ihre Kräfte zu aktivieren.

Fisch: Das Tierkreiszeichen der Fische und auch das christliche Symbol zeigen beide jeweils zwei Halbmonde. So ist der Fisch ein Kind des Mondes und des Meeres, ein Inbegriff des Weiblichen.

Gänseblümchen: Klein und doch mit viel Ausstrahlung steht es auf allen Wiesen. Mädchen haben es schon immer für das Spiel »Er liebt mich, er liebt mich nicht ...« benutzt. Es ist aber auch essbar und wirkt gegen Darmentzündungen und Durchfall.

Getreide: Es wächst aus dem Schoß von Mutter Erde und stirbt, um uns zu ernähren. Das Getreide symbolisiert das männliche Prinzip, dass Samen zur Erde fällt, um neues Leben wachsen zu lassen.

Granatapfel: Er steht für Treue in der Liebe und bindet die Liebe. Der Granatapfel war die »verbotene Frucht« im Paradies. Denn dort, wo die Geschichte des christlichen Paradieses spielt, gab es keine Äpfel.

Himbeere: Sie ist ebenso wie die Erdbeere eine stark erotisierende Frucht. Rot und süß verwöhnt sie Gaumen und Auge.

Honig: Neben seiner wunderbaren Süße schätzte man am Honig lange Zeit auch seine konservierenden Eigenschaften: Die Toten wurden mit Honig einbalsamiert, deshalb galt er als Symbol für die Wiedergeburt.

Ingwer: Er ist scharf, anregend und schweißtreibend, gut gegen Erkältungen und ein wirksames Hausmittel gegen Übelkeit. Früher hat die knorrige Form der Ingwerwurzel die Phantasie der Menschen angeregt, und Ingwer galt als Zauberwurzel, die sogar gegen die Pest eingesetzt wurde.

Kaninchen: Seit alters gilt das Tier als Symbol für Glück und Fruchtbarkeit.

Kirsche: Ursprünglich ein Symbol für Fruchtbarkeit, wurde die Kirsche später zum Zeichen für die Gebärmutter. Eine alte Sage erzählt vom Kirschbaum, der sich zur schwangeren Mutter Buddhas hinabbeugte, um sie zu stützen, während sie gebar.

Krabben: Sie liefern wertvolles Eiweiß, geben Kraft und sind dabei leicht verdaulich. Doch das Allerwichtigste für Küchenhexen: Sie sind ein deutliches Phallussymbol.

Kräuter, gemischte: Je nach Speise und magischem Wunsch kann man mit gemischten Kräutern viele Wirkungen mixen. Man sollte aber immer eine ungerade Zahl von Kräutern zusammenstellen.

Lamm: In frühchristlicher Zeit wurden neugeborene Kinder noch mit dem Blut eines frisch getöteten erstgeborenen Lamms getauft. Bis heute gilt das Lämmchen als Sinnbild für die unschuldige Kreatur und als Schutz für Kinder gegen Kindstod, Ertrinken, Feuer und Gewitter.

Linsen: Sie gelten als Glücksbringer und symbolisieren, wie alle Hülsenfrüchte, die weibliche Fruchtbarkeit.

Lorbeer: Aus dem Kraut für Ruhm und Weisheit, für Erfolg, Sieg und Wahrsagung wurden früher die Kränze für siegreiche Krieger gewunden. Pur genossen, wirkt Lorbeer leicht narkotisch und führt einen leichten Trancezustand herbei.

Löwenzahn: Reinigend, gefäßstärkend und vitaminreich – so schenkt uns die Natur dieses Kraut für unsere Gesundheit. Aus dem Milchsaft stellte man früher einen Wein her, weil man glaubte, Löwenzahnmilch erhöhe den männlichen Samenfluss.

Mandeln: Unter anderem wegen ihrer Form wurden sie für Fruchtbarkeitszauber und als Hochzeitsgeschenk hoch geschätzt. Wer viele Mandeln zur Hochzeit bekam, konnte sich auf reichen Kindersegen freuen.

Milch und Milchprodukte: Milch ist die erste Nahrung, die wir auf der Welt zu uns nehmen. Auch in der Mythologie hat sie diese Bedeutung des wichtigsten Lebensmittels. In vielen alten Sprachen ist das Wort für Milch gleichbedeutend mit »Göttin«.

Mohn: Mohn gilt wegen seiner zahlreichen Samen in der runden Kapsel als Fruchtbarkeitssymbol. Er stärkt die männliche Libido.

Olive: Der erste Olivenbaum soll aus einem Streit zwischen Athene und Poseidon entstanden sein, und so gilt die Olive als Frucht der Athene. Das mühsam gewonnene Öl war früher zum Verzehr zu wertvoll, es wurde nur für religiöse Riten und zur Körperpflege verwendet. B-Vitamine für Nerven, Haut und Haare und viele wichtige Fettsäuren machen Oliven zu den Früchten der Schönheit.

Orange: Sie symbolisiert gleichzeitig Jungfräulichkeit und Fruchtbarkeit, weil Blüten und Früchte gleichzeitig auf ein und demselben Baum anzutreffen sind.

Paprika: Neben ihren schönen Farben, die Lust machen, die knackigen Schoten sofort anzubeißen, bietet die Paprika eine Fülle von gesunden Inhaltsstoffen. Diese fördern die Durchblutung, steigern die Abwehr, dämpfen Stressreaktionen, stimulieren das Lebensgefühl und die sexuelle Lust.

Petersilie: Eines der wichtigsten Kräuter-Aphrodisiaka unserer Küche wurde die Petersilie wegen ihrer stark durchblutungsfördernden Eigenschaften. Daher müssen schwangere Frauen sehr vorsichtig mit dem Petersiliengenuss sein. Seit der Antike verwendete man das Kraut, um die Periode auszulösen und Abtreibungen vorzunehmen.

Pilze: Sie geben die dunklen Urkräfte des Waldes an uns weiter, stehen aber auch für Schutz. Trüffeln sind mit ihrem Moschusduft eines der stärksten erotischen Lebensmittel.

Pinienkerne: Der Pinienbaum war – weil er immergrün ist – ein Symbol für die Unsterblichkeit. Durch die Form der Pinienzapfen gelten Pflanze und Kerne aber auch als männliches Sexualsymbol.

Quitte: Die alten Griechen machten die Frucht zum Mittelpunkt vieler Göttersagen – sie galt als Symbol für Glück, Liebe und ein langes Leben und spielte bei Hochzeitsriten eine Schlüsselrolle als »Fruchtbarkeitsapfel«.

Rosmarin: Er wirkt anregend bei Abgespanntheit gibt neue Energie. Dieses starke Kraut für Liebe, Lust und Treue wird heute noch als Brautsymbol benutzt.

Safran: Die älteste Kulturpflanze war Droge, Färbemittel, Heilkraut und Gewürz – bis heute das teuerste, das wir kennen. In der Antike benutzte man Safran auch als Potenzmittel. Safrangelbe Kleidung zeugte von Macht und Reichtum. Durch alle Jahrhunderte galt Safran auch als Abtreibungsmittel.

Salbei: Von diesem heiligen Kraut dachte man früher, es mache unsterblich. Es wurde immer schon als Hexenmittel angesehen, das weise Frauen gegen zu starken Milchfluss von Stillenden und in der Frauenheilkunde einsetzten.

Sellerie: Sellerie – darauf weisen alle alten Kräuterbücher hin – gilt als eines der stärksten Mittel zur Förderung der männlichen Potenz und der weiblichen Lust. Er lässt das Blut in Wallung geraten.

Senf: Im alten Indien wurde Senf als Schutz gegen negative Energien eingesetzt, Senfsprossen galten als Glücksbringer. In der Liebe ist Senf das Kraut der Wahrheit.

Spargel: Spargelstangen sind »die Sexsymbole« unter den Gemüsen. Form und Inhaltsstoffe wecken Frühlingsgefühle. Ayurveda-Ärzte verordnen verschiedene Spargelzubereitungen als Potenzmittel. Wir essen ihn aber auch, weil er den Körper reinigt.

Tomate: Der Liebesapfel, prall, glatt, rund und rot, ist eines der erotischsten Gemüse. Die Tomate birgt die Kraft der Sonne und gibt sie Glück bringend an uns weiter.

Zitronenmelisse: Schon Hildegard von Bingen wusste, dass Melisse »das Herz freudig anregt und erfrischt«. Sie beruhigt bei Nervosität, wirkt krampflösend und ist gut gegen Depressionen und Ängste.

Zucchini: Die länglichen Kürbisse sind nicht nur sehr gesund, sondern – allein schon durch seine Form – ein außerordentlich erotisches Sommergemüse.

Register

A
Anti-Stress-Auflauf 107
Äpfel im Schlafrock 68
Apfelgratin »Avalon« 112
Artischockensuppe 104

B
Basilikumravioli 18
Bouillabaisse 15
Brunnenkressesalat 13
Bunter Energiesalat 12

C
Chilinudeln, scharfe 83
Chinasuppe »Suan Tang« 46
Curry der Aditi 92

D
Dinkelfrikadellen 114

E
Eier der Wahrheit 51
Entenbrust, honigsüße 90
Erdbeeren
  Erdbeeren des Zeus 64
  Erdbeertörtchen 38
  Strawberry in love 65
Exotischer Früchtetraum 66

F
Feigentorte »Mandorla« 71
Fisch und Meeresfrüchte
  Bouillabaisse 15
  Brunnenkressesalat 13
  Fisch piroschki 117
  Fischratatouille 85
  Flammende Seezungen 26
  Fruchtige Sommerlotte 116
  Garnelen-Fisch-Ragout 25
  Gefüllte Zucchini 22
  Krabbennudeln 84
  Kräuterzauberlachs 56
  Powerfischgratin 27
  Sardinen auf Tomatenbett 24
  Spaghetti der Venus 53
  Heiße Rotbarben 57
Fleisch
  Chinasuppe »Suan Tang« 47
  Curry der Aditi 92
  Hirsch mit Brombeeren 60
  Indischer Hochzeitsreis 55
  Ingwerfilet »Hong Sun« 30
  Lamm im Rosmarinduft 32
  Lammcurry »Nirwana« 118
  Lammgeschnetzeltes 31
  Lämmleinspieße 33
  Ragout aus Wald
   und Flur 58
  Tomatenreis Tandoori 91
Flockentorte, sommerliche 39
Fruchtbarkeitstorte 69
Fruchtige Sommerlotte 116
Frühlingsrisotto 80

G
Garnelen-Fisch-Ragout 25
Gefüllte Zucchini 22
Gemüse-Kräuter-Süppchen 14
Gemüseplatte »Baubo« 79
Getrüffelte Kartoffeln 52
Glückslinsensalat 74
Glückskräuter-Hirse 82
Granatapfel
  Indische Kokossuppe 76
  Orientalische Rebhühner 59
Grün-weißer Liebessalat 45
Grüne Kefirsuppe 105

H
Hafer
  Happy Hippie Haferbrei 121
Hähnchen
  Hähnchen im Grünen 28
  Indische Kokossuppe 76
  Safranhähnchen 88
  Happy Hippie Haferbrei 121
Heidelbeertraum 122
Heilende Kohlrouladen 110
Himbeeren, vergoldete 62
Hirsch mit Brombeeren 60
Hirse
  Glückskräuter-Hirse 82
Hochzeitsreis, indischer 55
Honigsüße Entenbrust 90

I
Indische Kokossuppe 76
Indischer Hochzeitsreis 55
Ingwerfilet »Hong Sun« 30
Insalata dell' amore 44

J
Junges-Gemüse-Gratin 21

K
Kamut
  Risotto der Kleopatra 115
Kaninchen
  Ragout aus Wald
   und Flur 58
  Salat der Indianerin 77

Kartoffeln
  Ofenkartoffeln »Energy« 78
  Kartoffeln, getrüffelte 52
Käse-Kräuter-Luftsoufflé 37
Kefirsuppe, grüne 105
Kohlrouladen, heilende 110
Kokossuppe, indische 76
Krabbennudeln 84
Kräuterhexenwähe 34
Kräuterkraftstrudel 20
Kräuterzauberlachs 56

L

Lamm
  Gemüseplatte »Baubo« 79
  Lamm im Rosmarinduft 32
  Lammcurry »Nirwana« 118
  Lammgeschnetzeltes 31
  Lämmleinspieße 33
  Tomatenreis Tandoori 91
Licht-und-Liebe-Creme 123
Liebespfeilsuppe 46
Liebessalat, grün-weißer 45
Linsen
  Glückslinsensalat 74
Löwenzahnsalat 102
Luftiger Mandelzauber 63

M

Maisbrei der Navajos 109
Mandelzauber, luftiger 63
Mangold pineta 19
Mohn
  Fruchtbarkeitstorte 69
  Mohn-Meditations-Torte 96

O

Ofenkartoffeln »Energy« 78
Oliven
  Bunter Energiesalat 12
  Oliven-Hexentarte 108
Orangentörtchen 95
Orientalische Rebhühner 59

P

Petersilie
  Süppchen der Erdmütter 17
  Liebespfeilsuppe 46
Pflaumen in Armagnac 70
Powerfischgratin 27
Pute im Sommerbett 87

Q

Quitten
  Quittensegenstorte 94
  Ragout aus Wald und Flur 58

R

Ragout aus Wald und Flur 58
Rebhühner, orientalische 59
Risotto der Kleopatra 115
Rotbarben, heiße 57

S

Salat
  Brunnenkressesalat 13
  Bunter Energiesalat 12
  Glückslinsensalat 74
  Grün-weißer Liebessalat 45
  Insalata dell' amore 44
  Löwenzahnsalat 102
  Salat der Indianerin 77
  Sommersonnensalat 42
Safranhähnchen 88
Salbei-Trostbrötchen 36
Sardinen auf Tomatenbett 24
Scharfe Chilinudeln 83
Schokoladenkuchen 98
Seezungen, flammende 26
Senfgemüse der Carna 111
Sommerliche Flockentorte 39
Sommerlotte, fruchtige 116
Sommersonnensalat 42
Spaghetti der Venus 53
Spargel
  Pute im Sommerbett 87
  Spargel »Kamasutra« 50
  Spargelpäckchen 48
Strawberry in love 65
Süppchen der Erdmütter 17
Suppe der Demeter 103

T

Teecreme »cha-dō« 120
Tomate
  Liebespfeilsuppe 46
  Tomatenreis Tandoori 91
Torta di Pasqua 97

V

Vergoldete Himbeeren 62

W

Wachteln mit Estragon 89

Z

Zucchini
  Gefüllte Zucchini 22

Die Autorin

Theas mystischer Weg begann im Alter von 16 Jahren, als sie bei einem schweren Bergunfall lebensgefährliche Verletzungen erlitt. Nach dem Absturz war sie für kurze Zeit klinisch tot, und ihr wurde ein Blick in die jenseitige Welt geschenkt. Sie erfuhr, dass es noch mehr zwischen Himmel und Erde gibt als

das, was mit dem bloßen Auge sichtbar ist, und entwickelte eine Vorstellung davon, welche kosmischen Kräfte und Energien es gibt, und wie wir Menschen sie nutzen können.

Theas Leben veränderte sich von Grund auf. Sie gab ihren kaufmännischen Beruf auf und widmete sich intensiv esoterischen Studien. Ihr neues Lebensziel war und ist es, allen Hilfe suchenden Menschen mit Rat und Tat zur Seite zu stehen. Sie gibt das uralte magische Hexenwissen an interessierte Schüler weiter – etwa wie man seine Intuition schulen, die Sensibilität verfeinern und tief im Inneren schlummernde magische Fähigkeiten erwecken kann.

Thea ist keine auf einem Besen reitende, unverständliche Zauberformeln murmelnde Hexe, wie wir sie aus dem Märchen kennen. Sie ist eine weise Frau, die aus innerer Überzeugung weiße Magie ausübt – eine moderne, selbstbewusste Frau, die von dem Wunsch beseelt ist, ihre besonderen Kräfte helfend einzusetzen. Thea führt auch Trauungszeremonien nach alter mystischer Überlieferung durch. Sie verbindet Paare nach keltischer Tradition mit dem Segen der großen Göttinnen und Götter.

Wenn Sie mit Thea Kontakt aufnehmen möchten, wenden Sie sich bitte an die Anschrift in München

Thea's Welt der Mystik
Hebelstraße 23/1
73061 Ebersbach
Telefon und Fax (0 71 63) 5 24 36

Büro und Laden:
Thea's Welt der Mystik
Destouchesstraße 48
80803 München

Der Fotograf

Aufgewachsen auf dem flachen Land in Schleswig-Holstein lebt der Fotograf Michael Holz seit 15 Jahren in Hamburg. In seinem Studio auf St. Pauli arbeitet er heute für viele Verlage und Werbeagenturen. Hier realisiert er am liebsten Projekte, bei denen er seine Erfahrungen aus der intensiven Arbeit in den unterschiedlichsten Gebieten der Fotografie kombinieren kann – von Landschaftsfotografie über Stills bis zur Foodfotografie, von Beauty und People bis zu Arbeiten für die Musikbranche. Aktuelle Arbeiten sind im Internet unter www.zauberhaus.com zu sehen.

Für die Hexenküche arbeitete er mit den Foodstylisten Maik Schacht und Christoph Hoefs in und um Hamburg.

Bildnachweis

Alle Bilder stammen von Michael Holz, Hamburg außer:
Südwest Verlag, München: Titel/Einklinker; Peperoni (Amos Schliack)
Alle Illustrationen stammen von Beate Brömse

Hinweis

Das vorliegende Buch ist sorgfältig erarbeitet worden. Dennoch erfolgen alle Angaben ohne Gewähr. Weder Autorin noch Verlag können für eventuelle Fehler oder Schäden, die aus den im Buch gegebenen praktischen Hinweisen resultieren, eine Haftung übernehmen.

Impressum

Redaktion: Dorothea Steinbacher
Projektleitung: Susanne Kirstein
Bildredaktion: Ute Schoenenburg
Illustration: Beate Brömse
Umschlag und Layout: Manuela Hutschenreiter
DTP/Satz: Andreas Rimmelspacher
Produktion: Manfred Metzger (Leitung), Annette Aatz, Dr. Erika Weigele-Ismael

Druck und Bindung: Westermann, Zwickau
Gedruckt auf chlor- und säurearmem Papier

ISBN 3-7787-3804-6